100のワークで学ぶ
カウンセリングの
見立てと方針

竹内健児 著

創元社

本書の趣旨

　この本は、2冊の拙著『Q＆Aで学ぶ　心理療法の考え方・進め方』(創元社, 2015) と『Q＆Aで学ぶ　遊戯療法と親面接の考え方・進め方』(創元社, 2019) の、"カウンセリングの見立てと方針"に関する部分に焦点を当て、より発展させたものです。読者としては、比較的初心のカウンセラーを想定しています。

　心理カウンセラーは、単に話を聞いていればよいのではありません。見立てと方針をもってクライエントを支援していく必要があります。とはいえ、見立てと方針を立てることが初心者にとって簡単でないのも事実です。事例を読むときも、初心者はさらっと読み終えてしまいがちですが、経験者は1つ1つひっかかりを持ち、心を動かしながら読むので、その分時間がかかります。情報を集め、ひっかかりを持って心を理解し、それを見立てへとまとめ上げ、さらにそれをもとにして方針を定めるという一連の作業を、ワークを通して学ぼうというのがこの本の趣旨です。

　ワークは全部で100個あります。表に書き入れたり、下線を引いたり、チェックを入れるなど、一部は書き込み式になっています。一人でも取り組めますし、大学院の授業や心理カウンセラーの研修会など、集団でも活用できるはずです。ひと目見て理解できるように、できるだけ図表を多く入れてみました。それはまた、カウンセラーが相談活動の中で日々行っている見立てと方針のための一連の作業を視覚的に示す試みでもあります。

　序章で本書における用語の使用について明確にします。本書のメインとなる第1〜5章では「情報を集め、それをもとに見立てと方針を立て、経過の中でそれを修正しつつ、終了時に自ら評価する」までの一連の作業工程を12のステップに分け、順を追って作業を進めていきます。第6章ではここまでの応用編として一事例を取り上げ、見立てと方針を立てるまでの作業を体験します。第7章は事例報告書の書き方、第8章は連携文書の書き方に関するワークで、特に8章には紹介状および紹介状への返書の具体例を載せています。

　全部で24の事例の断片が登場し、一部は繰り返し取り上げられますが、いず

れも創作例です。ワークがたくさんあっても、解説や解答がなければ手応えが感じられないでしょうから、私なりの解答例や解答のヒントをできるだけ多く載せました。とはいえ、これは「問題と正答」が書かれた問題集ではありません。自分なりの答えを書き込んだり、図表を作ったり、私の「語り」を読んだりする中で、自分の心を動かし、見立てと方針を立てる体験をしてもらうことが本書の趣旨です。解答例はあくまでも例にすぎませんので、さらなる議論のたたき台として利用してください。この他にどんな場合があるだろう、どんなことが考えられるだろうと仮説を広げていく姿勢が求められます。解答例に「それとも？」「他には？」などと書いてあるのは、「他の可能性はありませんか？」と読者に問いかけ、立ち止まって自分で考えてもらうためです。

　この「読者に問いかける」姿勢は、この本を通して貫かれています。私自身は読者と対話するつもりで文章を書きました。もし読んでいて、書き言葉とは違うニュアンスが感じられるとしたら、それはこうした姿勢のためだと思われます。声に出して読んでみれば、私の語りを感じてもらえるかもしれません。

　解説にしばしば登場する『Q&A』『遊Q&A』は順に最初に挙げた2冊の拙著を指し、すぐ後の数字はQの番号を示していますので、適宜ご参照ください。カウンセラー、セラピスト、心理士などの言葉が出てきますが、本書では厳密に区別して使用しているわけではありません。心理相談を行う人と理解してください。

　本書が臨床心理士や公認心理師はもとより、広く心理カウンセラーとしての道を歩まれる方の職務の自覚や手応えに役立ち、ひいてはそれがカウンセリングを受ける人たちの福祉に役立つようにと願っています。

2021年4月1日

竹内健児

目　次

100のワークで学ぶ

カウンセリングの見立てと方針

序 章

査定・見立て・方針

ワークに入る前に、本書で「査定」「見立て」「方針」といった言葉をどういう意味で用いているかを明らかにするとともに、カウンセリングにおける見立てと方針の意義について、私の基本的な考え方を示しておきたいと思います。

1．語義

　私は、臨床心理査定を次のように定義しています（竹内，2013，一部改）。

　「心理的問題を抱えて来談したクライエントに対して、不適応の状態、パーソナリティ、心理社会的特徴、セラピーによる変化を、面接、検査、行動観察及び第三者情報を通して、可能な限り客観的に明らかにしようとする行為」

　「不適応の状態、パーソナリティ、心理社会的特徴、セラピーによる変化」は臨床心理査定の内容であり、「面接、検査、行動観察及び第三者情報」は臨床心理査定の方法です。心理査定（アセスメント）と心理検査を同一と考える人もいますが、私は心理査定の活動は心理検査によるものだけではなく、検査以外にも面接や観察を通して、あるいは第三者からの情報も含めて、多面的に行われるものだと考える立場です。本書では主に面接と行動観察を通した査定を取り上げています。心理検査を用いた臨床心理査定については、2冊の拙著をご参照ください（竹内，2009，2016）。

　見立てと査定の関係はどうでしょうか。これも人によっていくらか異なりますが、本書では「見立て」を、「査定によって得られた情報群をもとに組み立てられた、事例全体についての仮説的な心理学的理解」と定義づけておきます。言い換えれば、査定（アセスメント）は見立てを得るための行為であり、見立ては査定の結果得られた理解のこと、と区別しておきます。

　土居（1977）は見立てを「診断・予後・治療についての専門家ののべる意見を引っくるめて呼ぶ日常語である」とし、「専門家が患者に告げる病気についての意見の総体」（p.54）であると述べています。私が本書で使っている見立ての概念はこれより狭いものだと考えられます。本書では見立てと方針を分けており、方針を「見立てに基づいて立てられる心理学的支援の方向性」と定義しているためです。

また、心理カウンセラーが行うのは診断ではなく、心理学的理解です。土居は同書で「効果的な見立てとなるためには、患者の受診理由に出発しながら、それを生起せしめた背後の心理を、あたかも扇の要のごとく、というのは更にそこから遡って患者の全貌を探るための問題点として、把握するのでなければならない。（中略）しかもそこで問題として把握されたものが患者にとっても問題として理解されるのでなければならないのである」(p.58) と述べていますが、これはまさに本書で取り組もうとしている作業課題と言えます。本書では、診断と見立てについて、診断があらかじめ用意された分類箱の中に個々の患者を分類していく行為であるのに対して、見立ては「そのクライエントの個別性に立脚し、症状やいわゆる不適応行動、心理的特徴、その他の背景要因との絡みをストーリーとして、あるいは概念的な図式として表現する行為である」として区別しています。

　かつては「心理診断」(psychodiagnosis) という言葉も使われていました。これと「心理アセスメント」の違いについては、小川 (2020) の論考を参照してください。「ケースフォーミュレーション (case formulation)」という言葉も比較的最近用いられるようになってきましたが、これは今述べた意味での見立てと同義であると考えてよいと思います。

２．適切な関わりのために

　カウンセラーは、カウンセリングを進める中でそのクライエントに対する適切な関わり方を常に考えていかねばなりません。この場合の「適切な」には２つの意味があります。１つは、「より有意義に」です。この人はどのような人で、何にどう苦しんでいるのか、どうなりたいと思っているのかを理解して、どのような心の作業をどんなペースで進めていけばよいかを考えます。例えば、発達障害の傾向を持った思春期の子どもが相談に来ているとしましょう。支援の方針は、苦手なところの克服でしょうか。得意なところを伸ばすことでしょうか。得手不得手ではなくその人の独特な内的世界を受け止めて理解し、やりとりをすることで人との疎通性を高めることでしょうか。嫌なことを人に打ち明けて受容される体験を持つことで自己肯定感を高めることでしょうか。二次障害としての症状の解消でしょうか。要は、どうすることがこの人にとって心

の援助になるのかです。

　もう1つは、「クライエントの負担やリスクを最小限にすること」です。心理「支援」である以上、できるだけ「安全に」行われる必要があります。「心理療法にとって一番大切なものは何か」と尋ねられたら、私は「身の安全だ」と答えます。「うつ状態」のクライエントであるなら、自殺の危険を考えながら進めなければなりません。「他害のおそれ」がある人なら、本人と周囲の人の身の安全を守ることを考えねばなりません。「入院歴がある」人なら、過去に何がどうなったときに入院になったか、状態がどこまで落ち込んだことがあるのか、入院の経験は心理面でどのように役立ったのかを知ることで、今後の入院の必要性を予測したり、そうならずに済むための生活の仕方を工夫したりすることができます。心理カウンセリングにおいて、カウンセラーは、やみくもにではなく、「危険地帯」が記された大まかな地図と方向性を探るための羅針盤を持ちながら前進する必要があります。

　例えば、入院の経験についてクライエントが、「薬の調整がうまくいって情緒が安定した」「仕事や雑事から逃れて休養できた」「スタッフから温かく接してもらって癒された」「入院中に家族関係などの環境調整ができた」「入院中に自己理解が進み、新たなコーピングスキルを身につけた」と語るのであれば、その経験は有意義だったと言えます。しかし、「入院中は確かに休めたが、退院して家に戻ったら、家族は何も変わっておらず、自分も変わっていないため、すぐにストレスが溜まって再入院となった」ということであれば、再入院中に何をする必要があるかを再考せねばなりません。

　見立てと方針は事例の経過の最初から持てるのでしょうか。始めてみないとわからないことはもちろんあります。2回目で見立てががらりと変わることもありますので、最初から最後が見通せるわけでは決してありません。しかし、だからといって最初は何も見立てを持たなくてもよいということにはなりません。自分が担当になった最初からその時々の見立てと方針を持ち、それを経過の中で「育てていく」感覚を持てばよいと思います。

3．利用者への説明責任を果たす

　見立てと方針を持つことは、セラピーの進行にとって必要なだけでなく、も

う1つ別の意味合いがあります。それは説明責任（アカウンタビリティ）の観点です。心理カウンセラーは自分の仕事について説明責任を果たさねばなりません。では、個々の事例における説明責任とは何でしょうか。それは、支援を受けている当人から、あるいは必要があって第三者から問われたときに、「この事例では、こういう人にこういうことが起きていて、それを私は心理カウンセラーとしてこのように理解して、このように支援を進めました（あるいは、進めています）」と説明できるということです。これはまさに、その事例における見立てと方針をわかりやすく説明することにほかなりません。

　常に説明を求められるわけではありませんが、問われたら答えられる準備はしておく必要があります。こう聞くとピリリと緊張感を覚える人も少なくないでしょうが、見立てと方針を説明できることは倫理的な問題でもあるという自覚が必要です。見立てをさほど重視しない（ことを強調する）学派もありますが、それにしたって実際には何も考えずにやっているわけではありませんし、説明責任から逃れられるわけではありません。

　学派の違いに言及しましたが、見立てについての考え方は学派によって異なります。見立てを持つことを強調する学派もありますし、さほど重視しない（あるいは強調しない）学派もあります。精神分析は、無意識を含めた心の力動を探り、分析家と分析者の関係の中に反復を見つけようとするでしょう。応用行動分析学は先行刺激と行動と結果の随伴性を明らかにし、行動を制御する環境変数を特定しようとするでしょう。森田療法ではとらわれ（悪循環）を明らかにしようとするでしょう。しかし、本書はカウンセリングを進めるうえでの基礎を学習することを目標としていますので、そうした違いまでは焦点を当てません。各学派の見立ての特徴については、他書を参照してください（例えば、乾［2013］、林他編［2019］など）。

4．他職との協働のために

　説明責任に関連してですが、カウンセラーの仕事は近接する領域の他職には見えにくいものです。「1時間座りっぱなしで話を聞いているらしいが、話を聞くだけなら私たちでもできるし、実際にやっている」と思っている他職の人もいるかもしれません。カウンセラーではなくても、相手の気持ちに沿って話を

聞くのが得意な、いわゆる「聞き上手」の人がいるものです。カウンセラーの聞き方はそうではない人とどう違うのでしょう。その1つの重要な要素は、心理学的な見立てと方針をしっかりと持っているということです。

　カウンセラーはクライエントの話に耳を傾けますが、たとえ黙って聞いていても、クライエントの心を理解するために、自分の心をとても忙しく動かしています。そのことを私は以前こんなふうに書きました。「理解をするためには、聴きながら心をかなり忙しく動かすことが必要です。話し手独自の思考の流れに合わせながらその気持ちを汲み取り、話し手が以前に話していたことと結びつけて話し手の人物像を修正し、話の中で語られた人と話し手との情緒的な関係を探り、語られた人の側から見たら話し手はどう見えるかを想像します。精神医学的な診断基準に当てはめるとどうなるだろうと判断する一方で、話し手の持つ健康な部分を見つけ出して、道が開ける可能性を探ることもします。場合によっては、カウンセラー自身の過去の体験や最近見た夢を思い出して、話し手の気持ちを理解するために参照しつつ、2人の気持ちをごちゃまぜにしないように気を配ることもありますし、本で読んだ地球の反対側に住むある民族の価値観を参照することもあります。」（竹内，2000）

　ただ、いくら自分の心の中でさまざまなことを考えていても、説明しなければ伝わりません。「心の中で作業をしています、大変なんです」と言うだけでは、何が大変なのかはわかってもらいにくいでしょう。自分がどんな心の作業をしているのかを自覚して言葉でわかりやすく説明し、その説明が他職にとって役に立つと感じられるとき、カウンセラーの存在意義を実感してもらえるはずです。つまり、見立てと方針は他職との協働にも役立つものだと言えます。

5．耳を傾けること

　ここまで、見立てと方針の語義と意義についてみてきました。もしかすると、より不安が高まったように感じている人もいるかもしれません。カウンセラーは、学んだことや経験したことをもとに、個々の事例について「ああかな、こうかな」と考えます。しかし、面接前には「とはいっても話を聞いてみなければわからない。ともかく聞いてみよう」という態度で臨みます。クライエントを温かく受け入れ、〈どうされましたか？〉と耳を傾けることがすべての第一歩

です。さあ、クライエントの話に耳を傾け、五感を最大限に広げましょう。

【引用文献】

土居健郎（1977）『方法としての面接　臨床家のために』医学書院

林直樹・下山晴彦編（2019）『ケースフォーミュレーションと精神療法の展開　精神療法増刊第 6 号』金剛出版

乾吉佑編（2013）『心理療法の見立てと介入をつなぐ工夫』金剛出版

小川俊樹（2020）「心理アセスメントの事例研究をめぐって」伊藤宗親編『事例で学ぶロールシャッハ法入門』金子書房

竹内健児（2000）『スクールカウンセラーが答える　教師の悩み相談室』ミネルヴァ書房

竹内健児編（2009）『事例でわかる心理検査の伝え方・活かし方』金剛出版

竹内健児（2013）「心理アセスメント」岡田康伸・藤原勝紀・山下一夫・皆藤章・竹内健児『ベーシック現代心理学 5　パーソナリティの心理学』有斐閣

竹内健児編（2016）『心理検査を支援に繋ぐフィードバック　事例でわかる心理検査の伝え方・活かし方第 2 集』金剛出版

第1章

事例のタイトルと
あらすじ

さっそくですが、1つ目のワークをしてみましょう。

ワーク 1　事例全体のタイトルをつけるワーク

（すでに事例を担当している人は）自分が今担当している事例を1つ思い浮かべ、その事例全体のタイトルをつけてみてください。

　私はスーパーヴァイジーに、「この事例にタイトルをつけてみて」と言うことがあります。タイトルをつけるのは事例検討会で事例を発表するためだけでなく、この事例で自分が何をやっているのかを自覚するのに役立ちます。タイトルは、その事例の特徴、見立てと方針を最も端的に表すものだからです。自分が何をやっているのかわからなくなってきたときにはタイトルをつけてみてください。

　別の言い方をすれば、タイトルをつけるときには、その事例の特徴を最も端的に表すものとなるよう工夫しましょう。要は、「私はどういう人と会っていて、何をしているのか」です。場合によっては副題も用いるとよいでしょう。

　主題は学術的なものにし、文学的修飾は避けます。「抱えることと生き残ること」のようなタイトルは、特定の学派の人には伝わるかもしれませんが、他学派の人にはピンとこないでしょう（もしかすると、借金を抱える人の苦労話と誤解されてしまうかも……それはそれで大変な心理的葛藤ですが）。事例のタイトルの構成要素を表1-1に私なりにまとめてみます。

表1-1　事例のタイトルの構成要素

主題の中に含めるとよいもの

● 年齢（層）／性別
● 主訴／診断名／心理的課題
● 介入法／技法

副題の中に含めるとよいもの

- ●クライエントの抱える心理的テーマ
- ●介入法／技法
- ●今回の発表で議論したいこと（事例発表の場合）

これに従って、タイトルの例をいくつか挙げてみましょう。

「父親から暴言・暴力を受け、発達に遅れがみられる3歳男児とのプレイセラピー」

「自閉スペクトラム症とADHDの疑いがある小5男児との4年間にわたる遊戯療法過程」

「選択性緘黙の思春期女子との面接事例―治療関係を再考する―」

「万引きを繰り返す高校生男子との面接―描画と箱庭に表現されたもの―」

「『コミュニケーションが苦手』と訴える20代男子大学生との面接過程」

「娘の不登校をきっかけに来談した40代女性との心理面接―自身の母親との関係を問い直す2年間のプロセス―」

「動悸と息切れを主訴として来談した60代女性との面接―夫との関係や自身の人生を見つめ直した2年間―」

では、これらを参考に、自分の事例にタイトルをつけてみましょう。

　自分が担当している事例がどういう事例であるのか、コンパクトに表現できたでしょうか。できるだけ短くまとめることは、自分が何をやっているのかという認識を深めるのに役立ちますが、見立てと方針の言語化という意味では、タイトルだけではコンパクトすぎます。もう少し引き伸ばしましょう。

あらすじ作成のワーク

　（すでに事例を担当している人は）自分が今担当している事例を１つ思い浮かべ、１分間でその事例のあらすじを語ってみてください。実際に時間を計りながらやってください。

　できましたか？　私はこれもまたスーパーヴァイジーに「この事例のあらすじを語ってみて」と言うことがあります。あらすじを語れるということは、自分がその事例で何をしているのかを自覚し、しっかりと言語化できているということです。「う〜ん」と唸ったまま止まってしまう人もいます。しかし最初のうちは無理もないこと。その力をこれからつけようというわけなのですから、心配はいりません。

　『Ｑ＆Ａ』21（この表記については、「本書の趣旨」p.4を参照してください）では、事例検討会の発表資料を作成する際になかなか短く削れないという訴えに対して、まずは２分間のあらすじを作り、それを肉付けしてゆく感覚で資料を作ることを勧めました。このワークでは１分間です。「１分間」は短く感じるでしょうか。それとも長く感じるでしょうか。「10分間」ではきっと、記録を読み返し、それを片手に事例の枝葉についても触れながらでないと時間が持たないでしょう。「１分間」だと枝葉の話はほとんどできません。むしろ枝葉を大胆に刈り取って、幹の話をしなければならなくなります。ワーク２の解答例を１つ挙げておきます。

ワーク２の解答例

［事例１］

　「クライエントのＡさんは29歳の男性で、５年前に一般企業を退職して以降、無職です。ひきこもり気味の生活をしていて、夜中に大声をあげることがあるのを親が心配して、何とか相談機関につながりました。カウンセリングには時々休みながらもすでに１年近く通ってきていて、来たときは自分からもけっこう話をします。統合失調症や発達障害という印象はなく、父親が地元の名士で、

その圧迫感から、自分も働くのであれば有名にならねばという思いをもちながら、実際にはそうなれない現実の間で苦しんではいるのですが、行動としては何もせずに逃げ込んでいる形をとっているため、周りからはふがいなく思われているようです。立派な父親のようになれない苦しみに共感的に耳を傾けつつ、Ａさんが自分のできることを地道にやればよいのだと理解し、社会参加に向けて一歩踏み出していけるように援助したいと考えています。」(約１分)

　こうやってできあがったものを読むと、特になんということはないと思った人がいるかもしれません。しかし、これができるようになるまでにどれだけ経験を積まねばならないかは自分がやってみるとよくわかります。クライエントの話に１回50分間耳を傾け、回を重ね、その圧倒的な情報量を前にして、何が起きているのかを理解し、自分は援助者として何をすればいいのか、何ができるのかを考える。そこには数多くの視点と、理解の深さと、言語化してまとめ上げる力とが求められます。

　ではこの場合の話の「幹」、つまりあらすじはどのような構成要素から成り立っているのでしょうか。それがわかれば、あらすじを語りやすくなるはずです。『遊Ｑ＆Ａ』102に、「セラピーの方針は個々の見立てに基づいて立てられるものです。そして見立ては、そのクライエントについてのさまざまな情報をもとに立てられるものです」と書きました。つまり、あらすじを構成する要素は「現象の記述」「見立て」「方針」の３つです。

　ここで私が「現象の記述」と呼んでいるものは、「事実として誰に何が起きているのかに関する情報の総体」です。「見立て」と「方針」の語義については、序章を参照してください。

　事例のあらすじを構成する３つの要素を表 1-2 にまとめておきます。

表 1-2　あらすじを構成する３つの要素

1. **「現象の記述」**：事実として誰に何が起きているのかに関する情報の総体
2. **「見立て」**：現象についての情報群をもとに得られた、事例全体についての仮説的な心理学的理解
3. **「方針」**：見立てに基づいて立てられる心理学的支援の方向性

では、これを受けて「現象の記述」「見立て」「方針」の3つの要素を区別するワークをしましょう。

あらすじの3つの要素を区別するワーク

前頁の〔事例1〕の要約を読み、「現象の記述」「見立て」「方針」を表す部分の境目に／を書き入れてください。

これはそれほど難しくないと思います。

ワーク3の解答

〔事例1〕「クライエントのAさんは29歳の男性で、5年前に一般企業を退職して以降、無職です。ひきこもり気味の生活をしていて、夜中に大声をあげることがあるのを親が心配して、何とか相談機関につながりました。カウンセリングには時々休みながらもすでに1年近く通ってきていて、来たときは自分からもけっこう話をします。／統合失調症や発達障害という印象はなく、父親が地元の名士で、その圧迫感から、自分も働くのであれば有名にならねばという思いをもちながら、実際にはそうはなれない現実の間で苦しんではいるのですが、行動としては何もせずに逃げ込んでいる形をとっているため、周りからはふがいなく思われているようです。／立派な父親のようになれない苦しみに共感的に耳を傾けつつ、Aさんが自分のできることを地道にやればよいのだと理解し、社会参加に向けて一歩踏み出していけるように援助したいと考えています。」

この3つの要素は、この順番に段階的に進んでいくものだということがわかるでしょう。つまり、現象に出発して、それを心理学的に理解し、その理解に基づいて方針を立てるという3段階を構成しています。別の言い方をすれば、あらすじはこの3つの要素をこの順番に組み立てて、1つのストーリーとすればよいということになります。

第 1 段階：現象を記述する

↓

第 2 段階：見立てる

↓

第 3 段階：方針を立てる

図 1 - 1　あらすじ作成の 3 段階

この 3 つの要素はどれか 1 つが欠けてもよくわからない要約になってしまいます。試しに 1 つずつが欠けている要約を並べてみましょう。

ワーク 4　あらすじの3つの要素の1つが欠けた場合の違和感のワーク

〔事例 1〕の要約を使い、「現象の記述」「見立て」「方針」のうち 1 つをあえて抜いたあらすじを以下に並べてみます。読んでみて、それぞれどんな違和感が生じるか、どんな疑問が湧くかを考えてみましょう。

〔事例 1〕の「現象の記述」が欠けた要約

「クライエントの A さんは、統合失調症や発達障害という印象はなく、父親が地元の名士で、その圧迫感から、自分も働くのであれば有名にならねばという思いをもちながら、実際にはそうはなれない現実の間で苦しんではいるのですが、行動としては何もせずに逃げ込んでいる形をとっているため、周りからはふがいなく思われているようです。立派な父親のようになれない苦しみに共感的に耳を傾けつつ、A さんが自分のできることを地道にやればよいのだと理解し、社会参加に向けて一歩踏み出していけるように援助したいと考えています。」

 疑問　A さんがどんな人で何が起きているのかさっぱりわかりません。

〔事例１〕の「見立て」が欠けた要約

　「クライエントのＡさんは29歳の男性で、５年前に一般企業を退職して以降、無職です。ひきこもり気味の生活をしていて、夜中に大声をあげることがあるのを親が心配して、何とか相談機関につながりました。カウンセリングには時々休みながらもすでに１年近く通ってきていて、来たときは自分からもけっこう話をします。立派な父親のようになれない苦しみに共感的に耳を傾けつつ、Ａさんが自分のできることを地道にやればよいのだと理解し、社会参加に向けて一歩踏み出していけるように援助したいと考えています。」

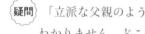 「立派な父親のようになれない苦しみに」などと言われても何のことかわかりません。どこからそう言えるのでしょうか。また、精神疾患や障害の可能性は考えなくてよいのでしょうか。

〔事例１〕の「方針」が欠けた要約

　「クライエントＡさんは29歳の男性で、５年前に一般企業を退職して以降、無職です。ひきこもり気味の生活をしていて、夜中に大声をあげることがあるのを親が心配して、何とか相談機関につながりました。カウンセリングには時々休みながらもすでに１年近く通ってきていて、来たときは自分からもけっこう話をします。統合失調症や発達障害という印象はなく、父親が地元の名士で、その圧迫感から、自分も働くのであれば有名にならねばという思いをもちながら、実際にはそうはなれない現実の間で苦しんではいるのですが、行動としては何もせずに逃げ込んでいる形をとっているため、周りからはふがいなく思われているようです。」

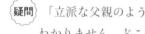 それで、カウンセリングで何をするのでしょうか？　実際、何をしているのでしょうか。

　「３つの要素のどれが欠けてもよくわからない」と言った意味は、これでおわかりいただけたと思います。

さて、「現象の記述」は「事実として誰に何が起きているのかに関する情報の総体」だと先ほど書きました。ただ、「事実」と言っても、厳密に言えば客観的事実だけでなく、「事実として自分が記憶していること」であったり、「事実として人から聞かされていること」であったり、「あの人にとっての事実はこうだけれども、私にとっての事実はそれとは違ってこうだ」といったこともあります。現象の記述には、そうした「真偽はともかく事実として語られること」、つまり記憶や認知が介在した主観的事実も含まれます。また、客観的事実であれ主観的事実であれ、事実にはその事実についての「思い」がしばしば伴います。その思いにも「そのときに思ったこと」と「今振り返って思うこと」の2つがあります。

　ですから、現象についての情報を集める際には、まずは客観的であることを指向し、何らかの証拠が見つけられるのであればそれを求め、不確かであることについてはそれを自覚するようにします。そしてその一方で、主観的情報を意味がないと切り捨てるのではなく、事実として語られることや、事実についての思いを大切にするという態度が求められます。

表1-3　「現象の記述」を構成する3つの要素

①客観的事実

●証拠のある事実

②主観的事実

●事実として自分が記憶していること

●事実として人から聞かされていること

●事実として語ること

③事実に対する思い

●そのときに思ったこと

●今振り返って思うこと

　現象の記述について理解を深めるために次のワークをします。

現象の記述を分節化するワーク

　次の事例 2 について、表 1-3 に基づいて①客観的事実、②主観的事実、③事実に対する思い、に該当する部分に下線を引いてください。

〔事例 2 〕

　40代半ばの女性 B さん。主婦。 2 年前、「近所の人から悪口を言われている」ことを苦に、自宅で向精神薬を大量服薬して自殺を図った。自分では覚えていないが、夫に発見されて意識不明で救急搬送された。病室で意識が戻ったとき、「私は自殺すらできないのかと思った」という。「今ではなんであんな馬鹿なことをしたのかと思うが、あのときはそうするしか仕方がなかった」と B さんは語った。

ワーク 5 の解答例

①客観的事実

　「 2 年前に自宅で向精神薬を大量服薬して自殺を図った」は客観的事実、「夫に発見されて意識不明で救急搬送された」は後で人から聞かされたことですが、これもおそらく客観的事実でしょう。搬送された病院の記録からある程度は確かめられます。しかし、記憶の錯誤もありえますし、誰かの隠蔽の意図が働くこともありますから、疑い出せばきりがないことです。

②主観的事実

　「近所の人から悪口を言われている」は、客観的事実かどうかはわかりません。夫が「そんなことはない」と言っていても、 B さんにとって事実なのだとすれば、それは主観的事実です。

③事実に対する思い

　「私は自殺すらできないのかと思った」は「そのときに思ったこと」、「今ではなんであんな馬鹿なことをしたのかと思うが、あのときはそうするしか仕方がなかった」は「今振り返って思うこと」です。

あらすじの3つの要素についての理解はできたと思います。そこでワーク6に進みます。

あらすじの3つの要素を書き込むワーク

（すでに事例を担当している人は）自分が今担当している事例を1つ思い浮かべ、3つの要素に分けて、次の図1-2の3段階の流れの空欄を埋めてください。

現象
誰に何が起きて
いて

見立て
心理学的にどう
理解して

方針
どのように対応
しているか

図1-2　事例の3つの要素の流れ

これも記入例を挙げます。

ワーク6の解答例

〔事例3〕（インテーク時の情報をもとに作成）

現象
誰に何が起きて
いて

> 　53歳の女性C。一人娘が2年前に結婚して孫娘が生まれたが、先月離婚して孫を連れて実家に戻ってきた。その頃から娘との仲は険悪。どうしてもイライラを娘にぶつけてしまう。食欲もない。

見立て
心理学的にどう
理解して

> 　娘と孫が戻ってきて生活が一変し、一人暮らしの気楽さを奪われてイライラしている様子。その一方で、娘を不憫に思い、孫をかわいく思ってもいる。

方針
どのように対応
しているか

> 　生活が一変したことや、自身の将来設計が崩れたことの大変さに共感的理解を示しつつ、娘と孫がいる新たな生活への適応を支える。イライラについては、ストレス対処の方法を持つことや、娘と孫が同居していることのメリットにも目を向けてもらう必要があるだろう。

図1-3　〔事例3〕の3つの要素の流れ

　さて、『Q&A』143に「見立てが変われば方針は変わる」と書きました。どう変わるでしょう。〔事例3〕を再び用いて、次のワークを行います。

見立てと方針の加筆修正のワーク

　〔事例3〕の第2回の面接で、クライエントCさん自身も27歳のときに夫の浮気が原因で離婚していることがわかりました。これによって見立てと方針はどのように変わるでしょうか。

　Cさんは、娘の離婚と自分の離婚をどのように考えているでしょうか。それはCさんの心身の状態に影響を与えているでしょうか。Cさんは、自分の離婚経験について話したがっているでしょうか。カウンセリングでその経験について話してもらうことは、Cさんの心身の健康に役立つでしょうか。図1-4の下線部が新たに書き加えられた部分です。

　現象面についての新たな情報が加わることで見立てが変わり、見立てが変われば方針が変わります。この3段階は一方通行ではなく、円環的なものであることがわかります。

　もちろんこれはこの時点での仮説です。『Q&A』145には、心理療法では「その仮説の正しさを検証しながら不断に修正していくことにエネルギーを注ぎます。その意味では仮説検証過程と言うよりも、仮説修正過程と言ってもよいほどです」「そして、倫理的側面から言えば、『セラピストの仮説は、必ずいくらか外れなければならない』とさえ言えます」と書きました。途中経過におけるあらすじは1つのストーリー、「現時点で」「私が」見たストーリーにすぎません。本当にそうなのか。ストーリーをいったん書き上げた後もこれを問い続け、書き換えていかねばなりません。見立てと方針にクライエントを押し込めるのではなく、見立てと方針のほうを書き換えるのです。

　筋はカウンセラーだけが作るものではありません。どれだけ自覚的かは別にして、クライエントも筋を作ります。カウンセリングはその2つの筋が織り成すものといってよいでしょう。

ワーク7の解答例

〔事例3〕（第2回までの情報をもとに作成）

現象
誰に何が起きて
いて

> 53歳の女性C。一人娘が2年前に結婚して孫娘が生まれたが、先月離婚して孫を連れて実家に戻ってきた。その頃から娘との仲は険悪。どうしてもイライラを娘にぶつけてしまう。食欲もない。自身も27歳のときに夫の浮気が原因で離婚。

▼

見立て
心理学的にどう
理解して

> 娘と孫が戻ってきて生活が一変し、一人暮らしの気楽さを奪われてイライラしている様子。その一方で、娘を不憫に思い、孫をかわいく思ってもいる。娘の離婚を機に自身の離婚体験を否応なしに振り返ってしまい、それが心身の不調に影響していると考えられる。

▼

方針
どのように対応
しているか

> 生活が一変したことや、自身の将来設計が崩れたことの大変さに共感的理解を示しつつ、娘と孫がいる新たな生活への適応を支える。イライラについては、ストレス対処の方法を持つことや、娘と孫が同居していることのメリットにも目を向けてもらう必要があるだろう。また、Cさん自身の離婚経験について話を聞くことで、未消化なままとどまっている感情を整理し、心の平穏を取り戻せるように援助する。

図1-4 〔事例3〕の修正後の3つの要素の流れ

カウンセラーが自分が作った見立てと方針にこだわらず、修正を加えることに開かれていれば、事例3の見立てと方針はこの後も書き換えられ、より妥当なものへと「成熟」していくでしょう。見立てと方針は、カウンセリングの進行とともに変化し成熟していくものなのです。

　自分の見立てと方針が間違っていないかと不安になることもあるでしょう。そのとき、アリストテレスが2300年以上前に書いた次の言葉は、ちょっとした勇気を与えてくれるかもしれません。

　「実践的な領域に属することがらの真否の判断は、やはりことがらの『実際』とか、われわれの生活とかに基づかなくてはならない。なぜなら、これらのうちに真否に対する決定的なるものが存しているのだからである。（中略）ことがらの『実際』と調和するならば受け容れていいし、もし背馳するならば単なる『言論』に過ぎないと考えていいのである。」

　「ああそうか。今まではこう考えていたけど、違うのかもしれない」とカウンセラーが気づき、見立てが変わることで、それまでカウンセラーとクライエントの間で硬直していたものが解け、行き詰まりが解消してカウンセリングがよい方向に流れ出すこともあります。自分の見立てにこだわりすぎないことです。

【引用文献】

アリストテレス著，高田三郎訳（1973）『ニコマコス倫理学（下）』岩波文庫，p.182

第2章

現象を記述する

第1章では、現象の記述から見立てへ、見立てから方針へという流れの全体像を示しました。ここからはこの流れの詳述に入ります。第1段階である「現象の記述」は、個別事例について情報を集めるところから始まります。これは見立てと方針への第一歩です。心の中は見えませんから、その人の言動（言語情報、観察情報、検査情報）や第三者からの情報をもとにして、その人の心を推察していかねばなりません。試しに、得られた情報からクライエントの心を推察してみましょう。

ワーク 8 事前情報をもとにした インテーク前の準備のワーク

完全予約制の心理相談機関に電話で新規申込があり、自分が後日インテークを担当することになりました。受付の人が申込電話で聞き取った内容は以下のとおりです。この事前情報をもとに、インテークではどんなことを聞いていく必要がありそうか、できるだけ多くのポイントを挙げてください。また、この情報からクライエントの心についてどのように理解できるか、できるだけ多くの仮説を立ててください。

〔事例 4〕

Dさん、34歳男性。メーカー勤務。職場の人間関係でいろいろあって、2ヵ月前から休職中。クリニックに通っており、「不安障害と抑うつ状態」と診断され、薬が出ている。主治医からカウンセリングを受けることを勧められたが、そのクリニックではカウンセリングは受けられないので、自分でネットで探してここを見つけた。できるだけ早く受けたい。休職中なので曜日はいつでもよいが、時間帯は昼前がよい。

「これだけ？」「これだけの情報で何をどう考えればよいのか」と戸惑った人もいるかもしれません。『Q & A』2 では「クライエントに会うまでに、電話申込で得られた情報を持ってスーパーヴィジョンを受けてみましょう。得られた

情報からさまざまな可能性を想定しておくと、落ち着いた対応ができると思います。わずかな量の情報であっても、そこから多くの仮説が立てられることもわかるでしょう」と書きました。実は、これだけの情報でも考えることは山ほどあります。あらかじめ自分の心を動かすことで、クライエントの心を受け止めやすくなります。その上で「会ってみなければわからない。話を聞いてみよう」と思えば、先入観に陥ることはないはずです。

とりあえず今の時点で思いつくポイントや仮説を書いてみてください。

どれくらい書けましたか。あまり書けなかったという人も心配はいりません。そもそも「この情報からクライエントの心についてどのように理解できるか、できるだけ多くの仮説を立て」ることは第3章の課題です。先を急がず、まずはクライエントについてどのような情報を集める必要があるかから始めましょう。ワークを積み上げ、事例に対する見方が少しずつ身についてきたら、そのときはもう「これだけ？」とは思わなくなるでしょう。むしろ「こんなに長いの？」と感じるかもしれません（それはさすがに言いすぎか……）。

ステップ1：情報を集める

言語情報から始めましょう。

面接で集める必要のある
情報を自覚するワーク

　個別事例について現象を記述するために、面接を通して言語的なやりとりをする中でどのような情報を集める必要があるでしょうか。その項目をできるだけたくさん挙げてください。

見立てをするために必要な言語情報の全体をまとめたものを表2-1に示します。

表2-1　現象を記述するために必要な言語情報の全体像

(A)基本情報	(E)問題歴
(B)主訴	(F)相談歴
(C)家族構成	(G)来談経路
(D)成育歴・家族歴	

少し解説を加えます。

(A) 基本情報

　氏名、年齢、性別、住所、電話番号など。基本情報を明らかにしたがらない人もいます。それだけ警戒心が強いということかもしれません。性別については、性自認の観点を考慮すべき事例もあります。

(B) 主訴

　「相談したいこと」としてクライエントが提供する内容のことです。これについてはステップ3でもう少し詳しく検討します。

(C) 家族構成

　現在の家族、あるいは原家族についての情報です。続柄（つづきがら）、家族の年齢、最終学歴、職業、同居か別居かの別、健康状態など。

(D) 成育歴・家族歴

　生活史とも言います。子どもであれば、保護者からの詳細な情報が必要になります。成人であれば本人の記憶に頼るほかない場合が多いでしょう。家族関係の推移（同居、別居、結婚、離婚、死別、家出など）も含みます。

(E) 問題歴

　主訴として語られている「問題」の現状と経過です。平たく言えば、困りごととして何が起きていて、それはいつどのように始まり、どのような変遷を経ているかをまとめたものです。

(F) 相談歴

　主訴として語られている「問題」について、いつどこの誰に相談し、どのような形の援助を受けてきたかに関する経緯です。以前にもカウンセリングを受けたことがあるか、現在はどこでどんな支援を受けているか、医療機関で治療を受けたことはあるか、向精神薬は飲んでいるかといったことです。専門の相談機関、治療機関だけでなく、家族や知人への相談歴も含まれます。また、これらの相談や治療はクライエントにとってどういう体験だったのか、役に立ったのか、逆に苦痛だったのかなども押さえておきましょう。

(G) 来談経路

　この相談機関をどこでどのような方法で知り、どのように辿り着いたかです。相談歴の続きとして、最後の相談相手が紹介してくれたということもありますし、これまで誰にも相談したことはなく、何かでたまたま見て知ったということもあります。これは、クライエントが人とどのように関わっているか、情報を自分からつかむ力があるかといったパーソナリティの査定や、ここでカウンセリングを受ける意欲の高さの査定にもつながります。

　では、得られた情報のうち、どれがどの項目に該当するかを考えてみましょう。これはまた、どの情報がまだ得られていないかという自覚にもつながるはずです。

得られた言語情報を分類するワーク

〔事例4〕について、どの部分が表2-1のどの項目に該当するかを考え、該当箇所に下線を引き、表2-1の該当する記号を書き入れてください。

〔事例4〕再掲

Dさん、34歳男性。メーカー勤務。職場の人間関係でいろいろあって、2ヵ月前から休職中。クリニックに通っており、「不安障害と抑うつ状態」と診断され、薬が出ている。主治医からカウンセリングを受けることを勧められたが、そのクリニックではカウンセリングは受けられないので、自分でネットで探してここを見つけた。できるだけ早く受けたい。休職中なので曜日はいつでもよいが、時間帯は昼前がよい。

解答例を挙げます。他の答えもありえますし、一箇所に2つの記号を付けることも可能でしょう。

ワーク10の解答例

(A) Dさん、34歳男性。メーカー勤務。(B, E) 職場の人間関係でいろいろあって、2ヵ月前から休職中。(B, F) クリニックに通っており、「不安障害と抑うつ状態」と診断され、薬が出ている。(G) 主治医からカウンセリングを受けることを勧められたが、そのクリニックではカウンセリングは受けられないので、自分でネットで探してここを見つけた。できるだけ早く受けたい。休職中なので曜日はいつでもよいが、時間帯は昼前がよい。

「できるだけ早く受けたい」は訴えには違いありませんが、いわゆる「主訴」に該当するでしょうか。その点は**ワーク28**で改めて検討することにして、今のワークの続きをします。先ほどの裏返しで、情報がまだ得られていないことを自覚するワークです。

得られていない情報を自覚するワーク

（ワーク10の続き）〔**事例4**〕に関して、表2-1の項目のうち該当する情報がまったく得られていないものはどれでしょうか。記号で答えてください。

ワーク10の解答例に従えば、「表2-1の項目のうち該当する情報がまったく得られていないもの」は、（C）家族構成と（D）成育歴・家族歴です。

家族のことはまったく書かれていません。今は誰と住んでいるのでしょう。原家族と同居なのか、一人暮らしなのか。既婚なのか、子どもはいるのか。現在、家族の理解や協力は得られているでしょうか。家族からの圧力はどうでしょう。自分はもう少しゆっくりしたいと思っているのに、家族から「働いてもらわないと困る」と言われてプレッシャーを感じているという例もあります。

成育歴情報は、就職後のことしかわかりません。子ども時代はどんな子だったのでしょうか。就職する前の青年期はどう過ごしていたのでしょうか。学歴はどうでしょうか。また職歴についても、現在の勤め先はわかりますが、勤続年数は何年でしょう。転職経験はあるのでしょうか。そもそもどういういきさつでこの会社に入ったのでしょうか。

このようにまだ触れられていない情報を自覚することは、さらなる情報収集につながっていきます。

続いて観察情報を取り上げます。大学院生が書いてくる逐語録を見ると、言語情報はかなり詳細に書いてあるのですが、観察情報や第三者情報をおろそかにしているのではないかと思われるものがあります。カウンセリングは言葉のやりとりだけではありません。また面接室内の様子だけでなく、その前後の様子からもクライエントについての多くの情報が得られるものです。

観察情報の収集のワーク①

クライアントの外見や、面接中、面接前後の行動について、心の状態や動き、パーソナリティを推察するために着目すべき点を思いつくだけ挙げてください。

いくつか挙げてみますが、これ以外にもあるはずです。何人かの人で協力して列挙すると、たくさん出てくると思いますのでやってみてください。

（1）外見
- ・体格
- ・服装、着こなし
- ・髪型、髪の色
- ・化粧
- ・装飾品、持ち物、履物
- ・顔の表情
- ・身のこなし、活力

（2）面接前の行動
- ・**受付でのやりとり**：緊張した様子で受付窓口の前に立って少し口ごもる／受付窓口に来るとすごく快活に話す
- ・**待合スペースでの行動**：何度もトイレに行く／持参した本を読んでいる／待合スペースの書棚にある本を読んでいる／母子がぴったりと肩を寄せ合って座っている／親子がけっこう離れて背を向けて座っている／子どもはソファに寝転んでゲームをしている
- ・**面接室への移動中の行動**：天候のことなどを話しかけてくる／前回の続きの話を始める／他のクライエントとすれ違う際、緊張して立ち止まり、通り過ぎるまで下を向いている

（3）面接中の行動

- **面接室に入って椅子に座るまでの行動**：どこに座ればよいか指示されるまで立ったままでいる／指示されなくても自分で好きなところを選んで座る／指示されても緊張した様子でぎこちなく座る
- **話し方**：スピード／声の大きさ／沈黙の割合／話のわかりやすさ
- **顔の表情**：顔をしかめる／眉間にしわを寄せる／歯を食いしばる／情けなさそうに目尻を下げる
- **視線**：合う／合わない／じっと見てくる／そらす
- **姿勢**：背筋を伸ばしている／前のめり／浅く腰かける／深く腰かける／足を組む／肘掛にもたれかかる／じっとしていない
- **身体部分の運動**：身振り手振り／呼吸／瞬き／唾を飲み込む／あくびをする／両手をもむ／口に手を当てる／足をゆする

（4）面接後の行動

- **受付でのやりとり**：「ありがとうございました」と明るく礼を言う／料金の支払いなどは基本的に無言で行う
- **退所時の行動**：料金を支払った後、待合スペースに座り、少しゆっくりしてから帰る／子どもに靴を履かせるとき、子どもを急かすので一悶着ある／親子で手をつないで帰る／子どもだけ先にパーっと出ていく

他には？

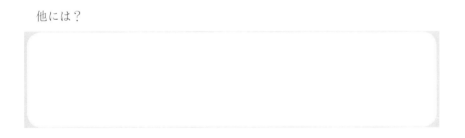

　『遊Q&A』15、42、79にも遊戯療法における観察のポイントを挙げてありますので参照してください。

観察情報の収集のワーク②

　発達が遅いと指摘されたということで連れてこられた7歳の子どもを、親子別室でインテークすることになりました。プレイルームで50分間、自由遊びの様子を行動観察します。どういうところを見ておけばよいでしょうか。

　「発達が遅い」といってもどの点がどの程度遅いのか、より細分化した見方が求められます。50分の自由遊びの中で観察すべきことは例えばこんなことでしょう。

- **身体運動面**：体全体の動かし方やバランスのとり方、手先は器用か
- **言語面**：言葉をどこまで話せるか、どこまで理解できているか
- **認知**：物事を注意深く見ているか、玩具の使い方を理解できているか、うまくいかないときにどのように工夫するか
- **自己制御**：落ち着いているか、忙しく動き回るか、次々と関心が移っていくか
- **感情**：どの程度感情表現をするか、それは場面に合っているか
- **社会性**：視線は合うか、やりとりは可能か、コミュニケーションは滑らかか、どれくらい積極的に関わってくるか、セラピストの存在をどのように意識しているか

他には？

どこを見るかは、発達検査の項目を参照するとよいかもしれません。一対一では、その子が子ども集団の中でどのようにふるまうのかは観察できませんので、それは親面接情報に頼ることになるでしょう。また、親子関係については行動観察の前後の時間に受付や待合室で見せる様子を観察しておくことです。

観察情報の収集のワーク③

　就学目前の子どものインテークを終えて待合スペースに戻ってきましたが、別室で行っていた母親面接が少し延びているようで、母親はまだ待合スペースに戻ってきません。待合スペースで子どもと2人で待つことにすると、子どもが本棚から絵本を取り出して、読み始めます。どういう点を観察すればよいでしょうか。

　これまで習ったさまざまな心理学の観点を活用して、例えばこんなところに注目してみましょう。

①意図
　・自分で意図をもってその絵本を選んだのか／たまたま最初に手に取ったものだったのか
②理解
　・文字が読める
　・文章が読める
　・文章の意味が理解できる
　・文章からストーリーが理解できる
　・1枚の絵の意味が理解できる
　・複数の絵からストーリーが理解できる
　・文章があれば理解できるが、絵だけではわからない
　・絵があれば理解できるが、文章だけではわからない

③情緒

・感情を読み取れる

・感情を味わえる

・感情を言葉や表情で表現できる

・気持ちよさそうに鼻歌を歌っている

④姿勢・運動

・本棚の前で立ったまま読む／椅子やソファに座って読む

・読むのに適切な姿勢を保っていられる／じっとしていない／くねくねしている

・ページを器用にめくることができる

・ページをめくっていくペースが速い

⑤セラピストとのコミュニケーション

・絵本を読んで湧いてきた感情をセラピストと共有したり、やりとりしたりできる

・絵の中の人や物を指してその名前を言う

・話の中身についてコメントする

・わからない点や疑問に思ったことを尋ねる

・隣にセラピストがいてもリラックスしていられる

⑥母子関係

・母親がいない（まだ戻ってきていない）とわかったときにどんな反応をしたか

・母親が戻ってきたときにどのような行動をとったか

　このように観察したことがこの後、そこにどのような心の特徴や状態が表れているかを考えることにつながっていきます。例えば、その絵本を意図をもって選んだのだとすれば、選んだ理由は何でしょうか。あるいは、「ページをめくっていくペースが速い」のはせっかちだからでしょうか。あっという間に理解できるからなのでしょうか。逆に、時間をかけてもわからないからさっさと先に進むのでしょうか。頭で理解はできていても気持ちを味わうことができていない場合もありますが、それはどうでしょうか。

少し先を急ぎすぎました。この事例の母子関係については**ワーク42**で再び取り上げます。

ワーク 15 観察情報の収集のワーク④

クライエントが面接の中で涙を流しました。どういう点を観察すればよいでしょうか。

「涙を流した」といっても、注目すべき点はいくつもあります。例を挙げます。

①**どんな泣き方か**：静かにしくしく／声を上げてワンワンと

②**涙の出方**：目頭が熱くなった／一筋ツーッと垂れる／ポロポロと／しばらく堪えていたものが溢れ出すように／ずっと溢れ続けて止まらなかった

③**涙の拭き方**：涙が出てもおかまいなしに／手で拭って／テーブルの上のティッシュを自ら1枚取って／テーブルの上のティッシュを自ら何枚も取って／セラピストがティッシュの箱を差し出すと礼を言って受け取る／セラピストがティッシュの箱を差し出したが、自分のかばんからハンカチを出して拭く

④**どのタイミングで**：面接の冒頭で座るや否や／途中で、ある話を始めたとたんに／途中で、ある話を始めてしばらくしたところで／面接の最後で急に／面接の最後でついに

⑤**時間の長さ**：すぐに泣き止んだ／冒頭で話し始めたとたんに泣き出して、最後まで泣いていた

⑥**泣いたことに対するクライエント自身の反応**：取り繕うように「すみません」と言う／大きくため息をついて少し笑顔を見せ、「すっきりしました」と言う

⑦**セラピスト側に湧いた感情**：こっちも悲しくなってきた／やっと泣けたなあ、と思った／わかっていたつもりではあったが、そこまでのことだったんだと実感できた／何でこのタイミングで泣いたのかよくわからなかった／泣くのはわかるが、泣き方が激しすぎて場面にそぐわないように感じ、むしろちょっと引いた

ところで、⑦のようにセラピスト側に湧いた感情を観察するというのは意外に感じた人がいるかもしれません。本書では、このようなカウンセラーがその場で覚えた感覚や感情、浮かんだ考え、連想、空想を「カウンセラーの主観情報」と呼んでおきます。特に最後の「むしろちょっと引いた」というのは共感できなさを表しているわけですが、「ちょっと引いた」と感じるのは悪いことではありません。これらの感情や思考がクライエントの言動に対する反応として生じたのだとすれば、「私はどうしてそう感じたのかな」とカウンセラーの主観を自覚することがクライエント理解につながるということができます。これは、精神分析で言えば逆転移の活用ということになります。ですから、カウンセラーの主観情報は「逆転移情報」と呼ぶこともできるでしょう。

　「カウンセラーの主観情報」は、臨床心理査定において、言語情報、観察情報、検査情報、第三者情報に次ぐ、第五の情報です。序章に書いた臨床心理査定の定義には含めていませんが、それはこうした情報を重視する立場とそうではない立場があることを考え、より広く通用する定義としているためです。

　続いて検査情報についてです。検査情報には自分が実施した場合、同一機関の他のカウンセラーが実施した場合、あるいは他機関で実施した場合があります。ここでは、以前に他の機関で実施した心理検査の結果をクライエントが持ってきた場合に、それをどう扱うかについて取り上げます。

検査情報の収集のワーク

　クライエントがある病院で2年前に受けた心理検査の結果のデータを、カウンセリングの3回目の面接のときに持参してきました。その検査結果についてどのような情報を得て、どう扱ったらよいでしょうか。

扱う際のポイントを5つ挙げてみましょう。

①検査の目的

　そもそもどうして2年前に検査を受けることになったか。検査の目的は何だ
ったのか。誰が言い出したのか。自分が受けたいと言ったのか、あるいは家族
や医師、カウンセラーから受けたほうがよいと言われたのか。自分が受けたい
と思ったのなら、それはなぜか。人から言われたのなら、理由についてどう説
明を受けたのか。その説明には納得がいったか。

②3回目で持参した理由

　3回目に持参した理由は何か。クライエントが自ら申し出たのか。それとも
カウンセラーから持参するように依頼したのか。後者だとすれば、クライエン
トはどのように反応したか。

③過去の検査からクライエントが得たこと

　2年前の検査実施後、どのようにフィードバックを受けたか。何がわかった
か、どんなことが印象に残っているか。そもそもフィードバックは受けたのか。
受けなかったとすればなぜか。

④過去の検査結果と現在の状態像とのつながり

　2年前のデータなので、今の状態とどうつながっているのか、あるいはつな
がっていないのか。これまでの3回のカウンセリングの中でクライエントから
受けた印象と過去の検査結果が合致するかどうか。

⑤検査結果の共有と活用

　過去の検査結果についてクライエントとどのように話し合い、その後のカウ
ンセリングにつなげるか。

　最後は第三者情報です。

第三者情報の扱いのワーク

受付担当の職員が「あのクライエントは毎回、開始時間の1時間以上前に来られて待合スペースで座っておられます」と教えてくれました。こうした面接前の情報をどのように扱えばよいでしょうか。

第三者情報の「第三者」には、メンタルヘルスの専門家と非専門家がいます。専門家は心理職とそれ以外に分けられますし、非専門家で多いのは家族・親族、教師や保育士、職場の上司などでしょう。

さて、この場合は受付職員からの情報です。このクライエントはどうして毎回1時間前に来るのでしょう。遅刻するのが不安なのでしょうか。家に居づらい何かがあるのでしょうか。相談機関に来ると心が落ち着くのでしょうか。カウンセリングが始まる前に、待合スペースで心の整理をしているのでしょうか。それとも、カウンセリングに来る前に毎回どこか通っている場所があって、それが終わってからそのまま来ると、1時間前に着くということなのでしょうか。

クライエントに直接尋ねてみることもできます。

〈先ほど、毎回1時間以上前にこちらに到着されていると聞いたのですが、何か理由が？〉

「あっ、いえ、ここに来たときくらいゆったりしようかと思って。それに着いてすぐにカウンセリングだと、頭が回らない気がして。ご迷惑ですか？」

〈いえいえ、迷惑なんてことはありません。これまでどおり早めに来てゆったりしてください。理由を教えてくださったおかげでよくわかりました。〉

受付職員からはこのほかにも次のような情報が入ることがあります。

「電話で事務連絡をしたとき、とても暗そうな声でした。普段、窓口ではけっこう快活に話される方ですけど」

「電車が遅れているみたいで、『5分ほど遅刻するかもしれません』とものすごく焦った様子で電話をかけてこられました」

「３日前に電話をかけてこられて、『担当者は今日は出勤日ではありません』と言ったら『そうですか』と言ってすぐに切られました」

　「３日前に電話をかけてこられて、『担当者は今日は出勤日ではありません』と言ったのですが、長々と自分のことを話し出されて、『次の回に担当者に話してください』と何度か言ってようやく切れました」

　何が起きているのでしょうか。クライエントの言動からは、心の中のどのような動きが推察されるでしょうか。第三者情報のメリットは、クライエント自身からまだ語られないこと、自分が直接観察できないことを知ることができ、その分、多面的にクライエント理解を進めることができる点です。

　受付から言われることを待っているだけでなく、気になることがあれば「今日○○さんが来られてから待合スペースで待っておられるときの様子はどうでしたか」「電話がかかってきたときはどんな様子でしたか」と尋ねてみるとよいでしょう。また、電話で申し込む方式の相談機関であれば、最初の問い合わせや申し込みの電話の際、クライエントはどんな様子だったのか、自分が担当することになる前の情報についても尋ねておきましょう。

　ただし、第三者情報は自分が実際に接する中で抱くクライエント像と必ずしも一致しません。下手に引きずられて混乱することなく、異なる方向を指し示す情報を自分の中でどう統合すればよいか考えてください。第三者情報の扱いについては、『Q & A』77，78も参照してください。

ステップ2：曖昧な情報を明確化する

　ステップ1では情報を集めることについて検討しました。しかし、得られた情報が曖昧であると、それに基づいた推察の確度も下がります。情報を明確化するにも限界はありますが、可能な限り明確化の努力をしてみましょう。そのためにはまず、今得られている情報のどの部分が曖昧かに気づけるようになる必要があります。情報の不明確さに気づくためのワークをこれから4つ行います。

ワーク 18

情報の不明確さを
自覚するためのワーク①

　〔事例4〕のすでに得られている情報に関して、事実関係が不明確な点に下線を引き、何がまだわからないかを具体的に挙げてください。

〔事例4〕再掲

　Dさん、34歳男性。メーカー勤務。職場の人間関係でいろいろあって、2ヵ月前から休職中。クリニックに通っており、「不安障害と抑うつ状態」と診断され、薬が出ている。主治医からカウンセリングを受けることを勧められたが、そのクリニックではカウンセリングは受けられないので、自分でネットで探してここを見つけた。できるだけ早く受けたい。休職中なので曜日はいつでもよいが、時間帯は昼前がよい。

ワーク18の解答例

　Dさん、34歳男性。メーカー勤務。職場の人間関係でいろいろあって、2ヵ月前から休職中。クリニックに通っており、「不安障害と抑うつ状態」と診断され、薬が出ている。主治医からカウンセリングを受けることを勧められたが、そのクリニックではカウンセリングは受けられないので、自分でネットで探してここを見つけた。できるだけ早く受けたい。休職中なので曜日はいつでもよ

いが、時間帯は昼前がよい。

　いくつか挙げてみます。「メーカー勤務」とのことですが、今の会社には勤続何年なのでしょうか。転職経験はあるでしょうか。「メーカー」というのは何を作っている会社でしょうか。会社の規模はどれくらいでしょうか。クライエントの現在の部署はどこでしょうか。メーカーと言っても、企画開発、製造、営業、経理、人事、クレーム対応、総務など、職務はさまざまです。Ｄさんにとって今の仕事は希望通りなのでしょうか。こうしたことの明確化は、Ｄさんが抱えているストレスの理解とつながってくるでしょう。「職場の人間関係でいろいろあって」の「いろいろ」の種類も見えてくるでしょう。

　「休職」は初めてでしょうか。休職に至る経緯はどうだったのでしょう。誰に相談したのでしょうか。そもそも休職には納得がいったのでしょうか。それとも自ら望んだのでしょうか。上司や人事、産業医から何と言われ、どのような説明を受けたのでしょう。休職期間はいつまででしょうか。リワークプログラムなど、復職への道筋についてどれくらい知っているでしょうか。

　「クリニック」は精神科、心療内科、それとも内科でしょうか。いつから通っているのでしょうか。自ら行こうと思ったのでしょうか、それとも誰かに行くように言われたのでしょうか。実際、行ってみたらどうだったのでしょうか。現在のクリニックが最初の治療機関でしょうか。もし転院しているのだとしたら、その理由は何でしょうか。処方されている「薬」は何でしょうか。実際に飲んでいるでしょうか。「主治医」の性別は？　年齢層は？　主治医とのやりとりをイメージしながら聞くには、そうした情報も必要です。

ワーク
19

情報の不明確さを
自覚するためのワーク②

　インテークでクライエントが「大学４年生で就職活動につまずいて、就職を諦めた」と語りました。「つまずいて」とはどういう意味でしょうか。可能性をできるだけたくさん挙げてください。

「つまずいて」がうまくいかなかったことを表しているのはわかります。しかし、「何社受けたのか」によって、そのつまずきの意味は異なったものになるでしょう。例えば、次の2つの場合では、「つまずき」の意味はどう異なるでしょうか。

　　・50社受けたが全部だめだった
　　・1社しか受けなかった

　どちらの場合もさらに疑問が浮かびます。

→50社受けた場合
　　・どのような職種、職場を志望していたのか
　　・うまくいかない過程で志望を変更したり、拡大したりしたか
　　・誰かに指導、援助を求めたか
　　・気持ちをどう整理して、自分を支えようとしたか
→1社しか受けなかった場合
　　・「ここしかない」というお目当てのところだったので、結果がだめですっかり落胆した
　　・たまたま最初に受けたところがだめで、自分の力不足を感じて諦めた
　　・落ちたことで、もともと会社勤めに気が進まなかったことを思い出して活動を止めた
　　・それとも？

　また、このクライエントは、就職活動がうまくいかなかったことを表すのに「つまずいて」という言葉を選択しています。そこにどんな思いがあるのかも聞いてみたいところです。うまくいかなかった理由について、クライエントは自分なりにどのように考えているのでしょうか。

情報の不明確さを
自覚するためのワーク③

クライエントが自分の娘について「不登校気味」と語りました。「不登校気味」って、どんな状態でしょうか。可能性を挙げてください。

不登校の理由も気になるところですが、ここでは「不登校気味」という状態像の把握に限定して考えてみます。「不登校状態」と言っても幅があります。

まず、登校の状況を見てみましょう。

・不登校が始まった時期ときっかけ
・欠席の日数や頻度
・出校時の時間帯：遅刻、早退、放課後のみ
・出校時の滞在場所：教室／保健室／別室／相談室／クラブ
・出欠のパターン：行事のときだけ出られる／授業で座っているだけなら登校できるが行事のときは無理／週の前半の欠席が多い／特定の科目がある曜日に欠席が多い、など

登校しないことに伴う家庭生活や社会的交流の様子についても知りたいところです。

・家での活動性、活動内容
・家族との交流はあるか
・家族以外の他者との交流はあるか
・担任の家庭訪問や電話連絡などに対してどのような態度を示すか
・塾や習い事には行くか
・ひきこもり状態にあるか

もしひきこもり状態にあるなら、その状態像も把握する必要があります。

・自室から出ない

・自宅から出ない

・深夜になると出かけることがある

　こうした疑問を持てば、〈不登校「気味」というのはもう少し具体的に言うと、どういう状態を指しているのでしょうか〉とクライエントに尋ねてみることができるでしょう。

情報の不明確さを
自覚するためのワーク④

　担任教師が「相談したいことがある」と言ってスクールカウンセラーを尋ねてきました。そして開口一番、次のように語りました。この後どんなことを明らかにしていく必要があるか、ポイントをできるだけたくさん挙げてください。

　担任教師「ある子が他の子の悪口を言って困っているんです。」

　これはコンサルテーションの例です。これを聞いて、コンサルタントであるスクールカウンセラーは、〈ある子が他の子の悪口を言って困っておられる〉とオウム返しの応答をすることもできます。それも悪くはありません。しかし、これに続けて〈それは大変ですねえ〉と言ったとしたら、きっと心のこもっていない応答になるでしょう。コンサルティの大変さがまだ伝わってきてもいないのに、そんなことを言ったら「口先だけの共感」になってしまいます。不明確なことが明確になってきて初めて、そこにある「思い」が伝わり、共感的理解を生むのです。ですから、〈もう少し詳しくお話しいただけますか〉と、これも基本的な応答をして話を詳しく聞いていきます。もっと話を聞いてみなければわかるはずはありません。

　とはいえ、この一言を聞いて、スクールカウンセラーの心の中にはすでにいく

つかの疑問が湧いてきているはずです。話の流れの中でたとえ一瞬でも立ち止まって、自分の中に湧いてきた疑問を自覚するためのワークです。この例でコンサルティに共感するためには、何を明らかにしていく必要があるでしょうか。

　まず、この担任教師の言葉をいくつかの部分に分けてみましょう。例えばこんなふうに区切ることができます。

「ある子が／他の子の／悪口を言って／困っている」

次に１つ１つ考えます。

「ある子が」→ある子って誰？　どんな子？
「他の子の」→他の子って誰？　特定の子？　１人？　複数？　どんな子？
「悪口を言って」→悪口って実際に何と言っている？
　　　　　　　　この教師はどんなことを「悪口」と呼んでいる？
「困っている」→困っているって、何にどのように？
　　　　　　　・何て返せばよいかわからず戸惑った？
　　　　　　　・言葉を返しはしたが自信がない？
　　　　　　　・「悪口」が過ぎるから？
　　　　　　　・「ある子」が以前から気になる子だから？
　　　　　　　・「ある子」の親が対応の難しい人だから？
　　　　　　　・教師自身、揉め事がもともと苦手？
　　　　　　　・教師が他のことで忙しくて構っている暇がない？
　　　　　　　・指導力がないと同僚から思われないかと心配？
　　　　　　　・それとも？

　まとめると、この例において明らかにすべき対象は、以下の６つということになるでしょう。

　　・悪口の内容
　　・悪口を言っている子

・悪口を言われている子

・双方の保護者

・相談に来た教師（コンサルティ）

・職場環境（人間関係や雰囲気）

コンサルテーションですから、コンサルティの困り感に応えるのが仕事ですが、そのためにはこうしたことを明確にしてゆく作業が必要になります。

ワーク19〜21はとても短い例でしたが、それでも可能性をあれこれ考えるだけで心の中はずいぶんと忙しいということがわかると思います。「そういう疑問が湧いたら、クライエントに直接尋ねてみてもよいのだろうか」と思った人もいるかもしれません。次に、そのことを考えるためのワークをします。

情報が不明確であることの
理由を探るワーク

　スーパーヴァイザーに事例の報告をしたところ、〈この点の事実関係はどうなっていますか？〉と尋ねられました。「その点はわかりません」と答えたところ、〈「わからない」というのはどういう意味でしょう〉とさらに聞かれました。

　確かに、「わからない」にもいくつかの場合がありそうです。どんな場合があるか、思いつくだけ可能性を挙げてください。

ここでは次の5つを挙げておきます。ポイントは「誰が何をわかっていないのか」です。

①引っかからずに無視していた

　そもそもその点をクライエントに聞く必要があるとカウンセラーが思っておらず、素通りしていた場合です。指摘されて「言われてみれば確かにその点は

注目すべき点だ」とすぐに気づく場合もあるでしょうが、言われても「それを聞くことにどんな意味があるのか」とピンとこない場合があるかもしれません。

②推測のみで満足していた

〈この点は？〉「その点は私も気になりましたが、たぶんこういうことだと思って」〈直接聞いてみた？〉「いえ、聞いてはいませんけど……本人に聞いてみないといけませんね。」

こんなふうに「こうなのではないか」と自ら推測するだけで満足していたということもしばしばみられます。

③聞くつもりはあるが未聴取だった

〈この点は？〉「その点は私も気になっていて、聞かないといけないのですが、まだ聞けていません。」

こちらの聞きたいことが聞きたい順に聞けるわけではありませんから、まだ聞けていないことがあっても悪いことはありません。ただし、いつか機会があれば聞こうと思っていなければ、いつまで経っても聞けずじまいになるかもしれません。機会をみつけて聞いてみましょう（『Q&A』105, 108）。

④聴取後のクライエントの回答が不明瞭だった

その点をクライエントに聞く必要があると思って聞いてみたところ、クライエントは何かを答えてくれたものの、結局よくわからない答えだったということもありえます。この場合、より正確に報告するとすれば、「その点は尋ねてみましたが、よくわからない答えでした」といったところでしょう。その質問への答えをクライエント自身がよく知らないのか、まだ考えがまとまっていないのか、あるいは答えをはぐらかしたのかもしれません。

⑤聴取後、クライエントが「わからない」と答えた

その点をクライエントに聞いてみたところ、「わかりません」という明瞭な答えが返ってきたという場合もあります。この場合、「その点は尋ねてみましたが、クライエントは『わかりません』と答えました」というのが正確な報告の仕方です。その後の対応としては、クライエントが「わからない」のがどういうことなのかをさらに掘り下げる場合と、それ以上尋ねても仕方がない場合とがあるでしょう。

情報が不明確であることに気づいた場合、クライエントに直接聞けるようならば折を見て聞いてみましょう。状況を具体的に思い描けないままに、その言動の背後にある気持ちなどわかるはずはありません。また、わかっていると思い込まずにクライエントに尋ねて確かめましょう。

　あるクライエントが「高卒で一人暮らしを始めた」と語りました。どこに住んだのか尋ねると、「実家からすぐ近所だった」との答え。どうして一人暮らしを始めたのでしょう。別のクライエントの答えは「実家から遠く離れた別の地方だった」でした。どうして一人暮らしを始めたのでしょう。「聞いたら悪いかなと思って」との気遣いから、聞かなかったという人もいます。確かに聞きづらそうなことであるならば、〈伺ってもよろしいですか〉と先に断る配慮が必要です。

　不明確な点をクライエントに尋ねると、わかることが増える一方で、また新たな疑問も生じてきます。カウンセラーが何かを尋ね、クライエントが答えたという一往復に満足せず、クライエントの答えを受け止めて、さらに質問したり、こちらの考えを伝えたりしていくことでラリーの感覚が生まれ、話がもう一段深まります。それが、クライエントの心に一歩ずつ接近していくことになります。二往復のやり取りの中で情報を明確化するワークを次に行います。

ワーク
23

不明確な情報について尋ねるワーク①

　成育歴を尋ねていたら「23歳で大学を卒業した」という発言がありました。ずっとストレートにくれば大学の卒業は22歳ですから、1年長くかかっています。1年長くかかった時期はいつでしょう。可能性をできるだけたくさん挙げたうえで、クライエントへの質問の仕方を考えてみましょう。

　まず、このように「23歳」にひっかかることが大切です（『Q&A』128,129）。計算するのも査定のうちです。いつの時点で1年長くかかったのか、可能性を挙げてみましょう。

・大学に入学前に浪人？

・大学に入ってから留年？

・高校で留年？

・高校を中退して、別の高校に再入学？

・高校浪人？

・それとも？

　話が一段落したところでクライエントに尋ねてみます。こんな言い方もできるでしょう。

〈先程、23歳で大学を卒業して、とおっしゃいましたが、1年間は何か……？　伺ってもよろしいですか？〉

「大学時代に1年留年したんです」

〈ああ、そうだったんですね〉

ワーク24　不明確な情報について尋ねるワーク②

　（ワーク23の続き）1年長くかかった時期は大学時代だということがわかりました。では、1年長くかかった理由は何でしょう。可能性をできるだけたくさん挙げたうえで、この後に続く質問の仕方を考えてみましょう。

　1年留年した理由は何でしょうか。単位取得の問題？　留学？　病気？　経済的問題？　その他の事情？　同じ1年間でも、時期はいつでしょうか。2年生になるとき？　3年生になるとき？　4年生になるとき？　卒業直前？　学部や学科によっては、次の学年に進む際やゼミに所属する際に単位上のハードルが設けられているところもあります。

　2つの疑問を合わせて、可能性をできるだけたくさん挙げてみましょう。

・1年生のときに「遊び呆けていた」ため、ほとんど単位が取れず、2年生
　から心を入れ替えたものの、最初の1年が尾を引いて4年間で卒業単位が

そろわなかった。

・まじめに勉強していたつもりだが、4年間で卒業単位がそろわなかった。
・3年生になるとき、ゼミに入る条件をクリアできなかった。
・卒業研究がうまくいかなかったのでもう1年かかった。
・卒論は書けたが、語学の単位が2単位取れておらず、卒業できなかった。
・4年生のとき、ゼミの指導教員とトラブルになって卒業できず、翌年指導教員を変更してもらって卒業した。
・就職活動がうまくいかなかったので、卒業をあえて1年延ばした。
・理系が得意だったので理系の学部に入学したが、本当にやりたいことなのか迷いが出てきて、3年生の終わりに文系の学部に転学部し、もう一度3年生をやった。
・それとも？

こうした仮説を自分の中に持ちながら、実際には例えばこう尋ねてみます。
〈それは何か事情があったのですか？〉

　もちろん、この話題が続くことをクライエントが嫌がるようなら無理には尋ねません。先ほども言いましたが、配慮は必要です。しかし、カウンセラー側の自信のなさから聞けなかったということもあるようです。もし、上に挙げた仮説のどれかが返答として返ってきた場合、自分は次にどのような応答をしようと想定しているでしょうか。それができていれば質問することは怖くないはずです。

ワーク25　不明確な情報について尋ねるワーク③

　クライエントが「母と一緒におばあちゃんのうちに行って」と語りました。話が一段落したところで、〈おばあちゃんというのは、父方、母方、どちらでしょうか〉と尋ねました。すると、クライエントから「どうしてですか」と聞き返されました。何と答えればよいでしょうか。

父方か母方かを尋ねるのは、家族構成をはっきりさせるためでもありますし、クライエントが誰に会っているのかを想像しながら話を聞くためでもあります。また、母親と祖母の関係を探る意味もあります。

　母親にとっては、父方祖母（姑）と母方祖母（実母）のどちらと接しているときのほうがリラックスできているでしょうか。姑との仲がうまくいっていないという話はしばしば聞きますし、うまくいっていないわけではないけど緊張するということなら少なくはないでしょう。他方、実母との仲が険悪で、むしろ姑と会っているほうが楽、という人もいます。ですから、父方、母方、どちらの祖母の家に行ったのかによって、母親にとっての意味合いが異なります。

　そして、子どもは親が他の人とどのように接しているかをよく見ています。この場合、母親が自身の母親ないし姑に対して振る舞う様子を、クライエントはどのように見ていたでしょうか。母親のリラックスした様子、緊張している様子、自分を抑えて我慢している様子、イライラしたときに怒りを爆発させている様子を見て、クライエントは何かを感じていたはずです。こうしたとき、母親を気遣う人もいますし、間に入って調整しようとする人もいます。諦めて母親からも祖母からも距離をとろうとする人もいますし、仲の悪さを利用して得をしようとする人もいます。

　聞き返されたら、例えば〈実の母親に会いに行ったのとお姑さんに会いに行ったのではお母さんの感覚が違ったかもしれないし、それを見ていた○○さん自身の思いも違っていたかもしれないと思って、それでどちらのおばあちゃんかを伺ったんです〉というふうに自分の質問の意図を説明すればよいでしょう。聞き返されても自分の意図を説明できるという自信があれば、必要な質問をすることに躊躇はいらないはずです（『Q&A』109）。

　ここまで、情報を収集し、まだ得られていない情報を自覚して明確化する作業をしてきました。料理に例えれば、材料はそろいました。しかし、まだ鍋に入れるわけにはいきません。その前に材料をさらに吟味し、皮をむき、適当な大きさに切り、面取りをし、といった「下ごしらえ」の作業が続きます。

　心理査定でも、得られた材料を1つの見立てへとまとめ上げていくには、「下ごしらえ」の作業が必要です。それは情報を吟味し、わかりやすい形に整理して、心理学的理解へとつながりやすくすることです。整理すると、バラバラな状態では見えにくかったものが見えやすくなります。

　まずは「主訴」に取り組むところから始めましょう。**ワーク9**で「主訴」についてさらに検討することを予告しました。「主訴」という概念は、実は曖昧さを含んでいます。人によっては、【**事例4**】の情報全体を「主訴」と呼ぶかもしれません。そこでまずは「主訴」の概念の分節化を試み、主訴として得られた情報を吟味するところから始めることにしましょう。

主訴の分節化のワーク①

　主訴とは何でしょうか。それはどのような構成要素から成り立っているでしょうか。

　「主訴」として語られる内容には「困っている事実」と「困り感」と「願望（目標）」と「セラピーへの期待」の4要素が含まれます（表2-2）。言い換えれば、主訴という概念は、「何に」「どのように」困っていて、「自分はどうなりたくて」「セラピーでどうしてほしいか」から成り立っているということになります。

　とはいえ、これはすべてのクライエントが常に4つとも語るという意味ではありません。なかには1つしか語らない人もいます。そこで次に、個別事例について主訴の分節化を試みましょう。

表 2-2　主訴を構成する 4 要素

a）現在困っている事実

心身の症状やいわゆる不適応行動、自我違和感、就職・退職・離婚といった今後の生き方の選択、など。

b）困り感

a についてどう困っているかという主観的感情。

例：「モヤモヤする」「やる気が出ない」など。

c）願望（目標）

自分はどうなりたいかという願望であり、セラピーの目標と考えているもの。

例：「症状をなくしたい」「就職したい」「退職するかどうかを決めたい」「1人で生きていける自信をつけたい」「子どもが学校に行けるようにしたい」「自分を知りたい」「性格を変えたい」など。

d）セラピーへの期待

セラピストにどうしてほしいかという期待・要望。

例：「ともかく話を聞いてほしい」「助言がほしい」「箱庭療法を受けたい」「知能検査を受けたい」など。

主訴の分節化のワーク②

　以下の 3 つの事例はすべて、電話申込時に受付が聞き取った申込内容です。それぞれ主訴の部分に下線を引き、それが「主訴を構成する 4 要素」のどれに該当するかを考えて、表 2-2 の a）から d）の記号をつけてください。

［事例 5］

　40 代男性。電車に乗っていると息が苦しくなることがあり、仕事に行きづらい。このままだと職場に自分の居場所がなくなりそうで怖い。認知行動療法を受けたらどうかと主治医に言われた。ともかく症状をなくしたい。

〔事例6〕
　大学3年生、男性。ここまで人付き合いを避けて生きてきた。1人でいるのは嫌ではなく、むしろそのほうが落ち着く。しかし、就職活動を前にしてこのままではいけないとも思う。どうしたらいいか相談したい。

〔事例7〕
　40代女性。子どもの不登校と親の介護、職場のストレスが同時に重なってとても苦しい。ともかく話を聞いてほしい。

　あまり細かく正誤にこだわることはありません。分けて考えてみるということ自体に意味があると考えてください。

ワーク27の解答例

〔事例5〕
　40代男性。a) 電車に乗っていると息が苦しくなることがあり、仕事に行きづらい。b) このままだと職場に自分の居場所がなくなりそうで怖い。認知行動療法を受けたらどうかと主治医に言われた。c) ともかく症状をなくしたい。

　「認知行動療法を受けたらどうかと主治医に言われた」は、厳密に言えば本人が望んでいるのかどうかはまだわかりませんから、d) にはしませんでした。

〔事例6〕
　大学3年生、男性。ここまで人付き合いを避けて生きてきた。1人でいるのは嫌ではなく、むしろそのほうが落ち着く。しかし、b) 就職活動を前にしてこのままではいけないとも思う。d) どうしたらいいか相談したい。

〔事例7〕
　40代女性。a) 子どもの不登校と親の介護、職場のストレスが同時に重なってb) とても苦しい。d) ともかく話を聞いてほしい。

　では、〔事例4〕に戻って主訴について同じ作業をしてみましょう。

主訴の分節化のワーク③

〔事例 4〕について主訴の部分に下線を引き、「主訴を構成する 4 要素」のどれに該当するかを考えて、表 2 - 2 の a) から d) の記号をつけてください。

〔事例 4〕再掲

　Dさん、34歳男性。メーカー勤務。職場の人間関係でいろいろあって、2ヵ月前から休職中。クリニックに通っており、「不安障害と抑うつ状態」と診断され、薬が出ている。主治医からカウンセリングを受けることを勧められたが、そのクリニックではカウンセリングは受けられないので、自分でネットで探してここを見つけた。できるだけ早く受けたい。休職中なので曜日はいつでもよいが、時間帯は昼前がよい。

解答例を示します。

ワーク28の解答例

〔事例 4〕

　Dさん、34歳男性。メーカー勤務。a) <u>職場の人間関係でいろいろあって、2ヵ月前から休職中。クリニックに通っており、「不安障害と抑うつ状態」と診断され、薬が出ている。主治医からカウンセリングを受けることを勧められたが、そのクリニックではカウンセリングは受けられないので、自分でネットで探してここを見つけた。できるだけ早く受けたい。</u>休職中なので曜日はいつでもよいが、時間帯は昼前がよい。

　a) 現在困っていること（事実）については語られていますが、b) 困り感については語られていません。「早く受けたい」という条件についての要望があるので、困っている様子は窺えますが、c) 早く受けてどうなりたいという願望は書かれていません。Dさんは、b) 何にどれくらい困っているのでしょうか。c)

カウンセリングを受けることでどうなりたいのでしょうか。d) カウンセリングで何をしたいのでしょうか。

　むろん、これらをクライエントがカウンセリングを受ける前にすべてはっきりとさせ、電話申込の時点で明言しなければならないと言っているのではありません。それはインテークの中で明らかにすればよいことですし、インテークの段階でもはっきりしないならば、その後のカウンセリングの経過の中で、2人で協力して徐々に明らかにしていけばよいでしょう（『Q&A』85）。

ワーク29　家族構成に関する情報を整理するワーク

〔事例8〕の家族構成についてジェノグラムを書いてください。

〔事例8〕

本人（女性、19歳、大学生）

父親（52歳、公務員）

母親（42歳、専業主婦）

弟（16歳、特別支援学校、知的障害）

妹（6歳、小学1年生）

祖父（80歳くらい、無職）

家族全員が同居。

　家族関係を理解するための方法の1つにジェノグラムがあります。ジェノグラムは家族構成、3世代以上の家系の連なりや、家族、親族関係の広がりを視覚的に把握するのに優れた方法です。書き方は多少のバリエーションがありますが、1つの書き方の例を挙げてみましょう。

　さて、最初の5人は書けますが、祖父を書き入れようと思うと、父方か母方かがわからなくて戸惑うはずです。情報を整理することは、まだ不明確な情報に気づくことにつながります。

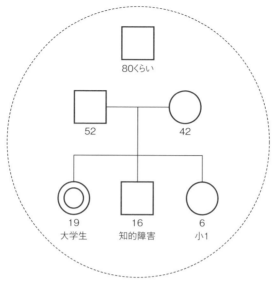

図 2 - 1　〔事例 8〕のジェノグラムの例

ワーク 30

家族歴情報を整理するワーク

〔事例 9〕の家族歴について、まず、得られた情報を時系列順に並べ替え、年表を作ってください。次に、それをもとに同居人の変遷を図示してください。

〔事例 9〕

クライエントのEさん（16歳女性）は現在、実母（36歳）とその恋人（実母より年下の男性）との 3 人暮らし。2 年前までは、実母と継父、その連れ子（Eさんより 3 歳年下の女子）との同居が 4 年ほど続いたが、実母が離婚。その後は実母と 2 人暮らしだったが、半年ほど前から母の恋人が同居を始めた。実父と実母は、Eさんが就学した頃に離婚。理由は不明だが、Eさんが保育園の頃は、両親の激しい喧嘩が絶えず、実父の実母に対する暴力もあったと思うと語る。離婚後は、母方祖母と同居していた。

第 2 章　現象を記述する

67

ジェノグラムは、家族構成の変化を時間軸上でとらえるのはあまり得意とは言えません。時間軸上の変化をとらえるために、まず家族歴を年表形式にまとめ直してみましょう。

表 2 - 3 〔事例 9 〕に関する年表

就学前	両親の激しい喧嘩が絶えなかった 実父の実母に対する暴力もあった（？）
就学頃（6 歳）	実父と実母、離婚。実母と母方祖母と同居
10歳頃	実母が再婚。継父とその連れ子との 4 人暮らし
14歳頃	実母と継父が離婚。実母との 2 人暮らしに
半年前（15歳）	実母の恋人が同居を始める

　さて、この年表をもとに同居人の変遷を図示してみましょう。

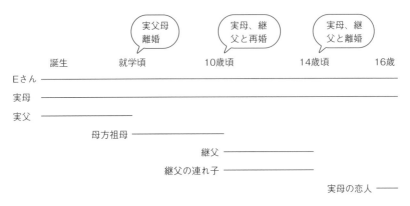

図 2 - 2 　〔事例 9 〕に関する「同居人変遷の図」

　例えばこんなふうに時間軸に沿って時間の長さも含めて図示してみると、クライエントの生活史上の変化を視覚的イメージとしてとらえることができます。このような「下ごしらえ」の作業をしておくことが、「この変化を E さんがこれまでどのように体験してきたか」を理解する今後の作業に役立ちます。とりわけ、複雑な家庭で育った子どもや、施設への入所、退所を繰り返している子ど

も、家族関係の変化が激しい人の場合に、この「同居人変遷の図」の意義が実感できると思います。

　もう1つ変遷を図にまとめるワークをしましょう。

成育歴・問題歴・相談歴情報を整理するワーク

〔事例10〕について、得られた情報を時間軸上に図示してください。

〔事例10〕

　Fさん、28歳の女性。高校卒業後、あえて親元を離れて大学に入学、5年間で卒業。その後はアルバイト生活だが、続いても長くて1年。ネット上で知り合った6歳年上の男性と3年前から同棲中。今年3月初め、バイト先の人間関係のトラブルから抑うつ的となり、Aクリニック（心療内科）を受診、投薬治療を受ける。5月半ば、同棲相手とのちょっとした言い争いから状態が悪化してすぐにAクリニックを受診。そこでFさん自身が入院を希望し、クリニックからの紹介でB病院（精神科）に5月20日に入院。6月18日にカウンセリングを開始するも、その後3週間で「調子が戻ってきた」と言って7月11日に退院。外来でのカウンセリングは希望しなかった。退院の2週間後、カッターナイフで深めにリストカットをして、7月26日にB病院に再入院。5日後、本人の希望でカウンセリングが再開する。

　出来事を図示すると、例えば図2-3のようになります。人生の節目となる出来事、治療歴・入退院歴・相談歴、そしてきっかけとなった生活上のエピソードが書かれています。

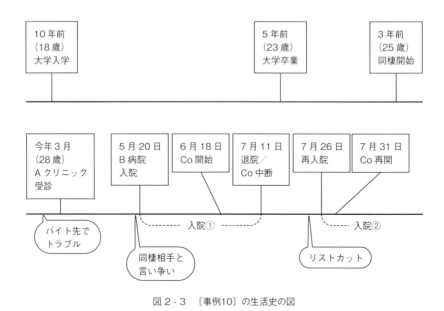

図 2 - 3　〔事例10〕の生活史の図

　ここまで、現象（起きていること）を記述する作業をしてきました。この作業は、情報を集め、曖昧な情報を明確化し、得られた情報を整理するという3つのステップからなっていました（図 2 - 4）。これで材料は整ったことになります。

図 2 - 4　現象を記述する作業の流れ

第3章

見立てる

見立てと方針を立てる作業の第 2 段階に移りましょう。第 2 段階は「集められた情報から心理学的理解を進め、見立てを得る」ことです。

　この第 2 段階は、さらに 4 つのステップに分かれます。ステップ 4 は、状態像を把握し、それを心理学的に理解することです。ステップ 5 は、その状態像を呈しているクライエントの人物像を心理学的に理解することです。ステップ 6 は、状態像の背後にどのような心の動きがあるかを心理学的に理解することです。そして、ステップ 7 で事例全体の見立てをまとめて記述するところまで進みます。第 2 段階の作業のプロセスを図 3-1 にまとめてみます。

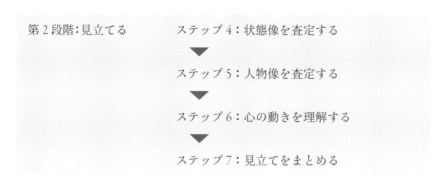

図 3-1　見立ての作業の流れ

　少し先取りになりますが、ステップ 4・5・6 における査定がその後のカウンセリングの流れとどのように関わってくるかについて、ワークとは別に事例を 1 つ挙げて示したいと思います。

〔**事例11**〕プレイセラピーの事例

　窓にやたらと詳しい小学生の男の子がいる。

　「これは引き違い窓、こっちは縦すべり出し窓。これはクレセント鍵。こっちが強化ガラスで、こっちは網入りガラス。」

　〈へえ！？〉

　セラピストは目を丸くして聞いている。親や親戚に窓の製造販売をしている人や建築士がいるわけではない。これを「興味の限局」と言ってしまえばそれ

までである。その子の窓のうんちく話にさらに耳を傾けてみよう。そして、窓にそこまで関心を持ち、それをわかってくれそうな１人の大人に一生懸命伝えようとしていることを大切に受け止めよう。こうした興味にすべて心理的な意味合いがあるとまでは言わないが、子どもの内的世界を表すものとして受け止める試みをしてみよう。「窓は何の象徴か」と「象徴事典」を調べ、それを当てはめてわかった気になるのでもない。その子の心はその子に聞いてみないとわからない。

　そのうち、その子がそこまで窓に強く関心を持つのは、家に１人でいるときに何かがあって外に出られなくなったらどうしようとか、誰かがあるいは何かがふと侵入してきたらどうしようとか、秘密が外に漏れ出てしまったらどうしようといった不安や、部屋に１人でいるときに何かが起きても、窓があれば外から誰かが覗いて見つけてくれるかもしれないといった期待と関係していることがわかってくるかもしれない。

　これはあくまでも仮説である。だから本当にそうであるか、確かめねばならない。幸いなことに、２人は相互交流をすることができる。セラピストは窓の話を心の話としても聞き、不安や安心に関わる反応を何か返す。子どもは返ってきたものを受け取り、何かを感じ、また何かを伝えてくるだろう。そこに生じる相互作用がセラピーとなるように努めるのがセラピストの役割である。

　ここには査定に関する３つの方向が示されていることがわかるでしょうか。窓への極度の関心を「興味の限局」と理解し、それを発達障害とつなげて理解していくのは、**「診断的査定」**です。親や親戚に窓の製造販売をしている人や建築士がいるかどうかを確認するのは、人物像を理解する一環としての**「家庭環境要因の査定」**です。この２つはどちらも大切ですが、もう１つ、たとえ発達障害であろうとなかろうと、窓に詳しく、そのことを話そうとするこの子の行動の背後にある心の動きをとらえようとする**「心的力動の査定」**の態度が必要です。

ステップ4：状態像を査定する

　状態像の査定から始めます。症状の査定や診断的理解をおろそかにして、背後にある心理的課題にすぐに目を移そうとする人がいますが、それでは「症状を持つ苦しみ」への共感が十分にできませんし、症状が悪化するリスクに対応することができません。状態像の査定に関して、査定すべき項目を表3-1にまとめました。

表3-1　状態像の査定項目

- 症状、不適応行動などの状態像やその変遷の把握
- 定型発達との比較
- （病気の場合）診断的査定、病態水準の査定、病因論的査定
- リスクの査定

これを参照しながら、状態像を理解するワークをやってみましょう。

ワーク
32

状態像の査定のワーク①

　〔事例4〕について、まず状態像の査定に関わる箇所に下線を引いてください。次にその状態を心理学的にどのように理解したらよいかを仮説的に考え、可能性を挙げてください。

〔事例4〕再掲

　Dさん、34歳男性。メーカー勤務。職場の人間関係でいろいろあって、2ヵ月前から休職中。クリニックに通っており、「不安障害と抑うつ状態」と診断され、薬が出ている。主治医からカウンセリングを受けることを勧められたが、そのクリニックではカウンセリングは受けられないので、自分でネットで探してここを見つけた。できるだけ早く受けたい。休職中なので曜日はいつでもよいが、時間帯は昼前がよい。

ワーク32の解答例

Dさん、34歳男性。メーカー勤務。職場の人間関係でいろいろあって、<u>2ヵ月前から休職中</u>。クリニックに通っており、<u>「不安障害と抑うつ状態」と診断され、薬が出ている</u>。<u>主治医からカウンセリングを受けることを勧められた</u>が、そのクリニックではカウンセリングは受けられないので、<u>自分でネットで探してここを見つけた</u>。できるだけ早く受けたい。休職中なので曜日はいつでもよいが、<u>時間帯は昼前がよい</u>。

　「不安障害と抑うつ状態」という診断がついていますが、実際にどのような不安症状、抑うつ症状を呈しているのかはわかりません。不安障害と抑うつ状態が併記されていますが、この2つはどのような関係にあるのでしょうか。どちらのほうが強いとか、どちらのほうが先だとか、一方が主要な症状でもう一方が派生的に生じているといったことがあるでしょうか。「抑うつ状態」のとき、死にたくなることはあるでしょうか。

　「主治医からカウンセリングを受けることを勧められた」ということは、主治医はカウンセリングを始めてもよい状態と考えているということでしょうか。クライエントには「自分でネットで探して」という程度の気力、活動性があるということでしょうか。「時間帯は昼前がよい」という希望は睡眠のリズムと関連があるでしょうか。あるいは朝や午後に何かの活動しているのでしょうか。

　「2ヵ月前から休職中」ということですが、症状はいつから出ていてどう変遷しているのでしょうか。文面からは職場の人間関係が発症に影響していると考えていることが窺われますが、実際にどのようなことが起きたのでしょうか。労働時間や通勤時間など、人間関係以外のストレスはないでしょうか。仕事自体は楽しいでしょうか。

　「薬が出ている」ということですが、薬名は何でしょうか。Dさんは効いている実感を持っているでしょうか。薬の副作用や薬への抵抗感はないでしょうか。

　休職中は何をして過ごしているのでしょうか。実際に休めている感覚はあるでしょうか。自分では、現在の休職期間の終わりまでに何とかなりそうだと考えているのでしょうか、それとも難しそうだと考えているのでしょうか。何がどうなったら復職できると思っているでしょうか。

状態像の査定のワーク②
（定型発達との比較）

　他機関から送られてきた紹介状を見ると、「妊娠中の様子、成育歴」欄に次のように書かれていました。これはどのように見たらよいでしょうか。

　在胎37週、自然分娩。出生体重2,550g。定頸4ヵ月、始歩14ヵ月、初語1歳8ヵ月「ママ」。1歳半健診で「言葉が遅め」と言われた。

　子どもの成育歴を見るときは、定型発達と比較します。定型発達との違いが、何らかの器質面の問題や環境面の改善すべき点を示唆する可能性があるためです。とはいえ、「定型発達」には個人差がありますし、その個人差の幅から少しはみ出ているからといって異常だと決めつけることはできません。このことはとても重要です。子どもの成長のペースはみな異なります。

　定型発達と比較するには、まずその幅を知る必要があります。まずざっくりと子どもの在胎期間は40週と覚えましょう。より厳密に言うと、「正期産児」は37週0日から41週6日までです。それで言えば、この事例の在胎37週は正期産です。正産の中では早めで、「早期正期産児」と呼ばれます（37週0日～38週6日）。出生体重（生下時体重）は、2,500g以上4,000g未満が「正出生体重児」ですから、この子は正出生体重児です。

　月齢4ヵ月になると、90%以上の子どもで首が座ります（定頸）。5ヵ月になっても定頸にならない場合は注意を要するとされます。始歩は生後12ヵ月から15ヵ月くらいですので、この子はこれも定型発達と言えます。1歳半の頃にはほとんどの子どもが歩けるようになります。初語、つまり最初に有意味語を話すのは、50%の子どもが1歳頃で、1歳半までに90%の子どもが話すようになります。この子は初語が1歳8ヵ月でしたから、確かに1歳半健診で「言葉が遅め」と言われたことも頷けます。ただその後も言葉の発達がずっと遅いままであるかどうかはこの時点ではわかりません。

　この子は自然分娩でしたが、鉗子分娩、吸引分娩、帝王切開などで生まれて

くる子どももいます。妊娠中の母体の異常、出産時の母子の身体上のリスク、出産後のケアなどが母子の心理状態（愛着など）に与える影響についても把握しておきましょう。

　2歳0ヵ月と2歳11ヵ月では発達の水準は異なります。幼いときほど変化は大きいですから、年齢を書く際、特に就学前の子どもの場合は月齢も書いておきましょう。小学校低学年であれば、早生まれかどうかを確認し、それが同年齢集団への適応に影響していないかを見る必要があります。

　次は診断的査定です。診断は医師の仕事であり、心理職は診断をつけることも告げることもできませんが、査定の一環として診断名がつくとすれば何になるかを考える作業は行います（『Q & A』89）。

ワーク34　状態像の査定のワーク③（診断的査定）

　発達障害の疑いで小学生の子どもが親に連れて来られました。「授業中、ボーッとしていて、先生の話をあまり聞いていない」「些細なことで大声を上げたり手が出たりして、乱暴な子だと思われている」と担任に言われて心配になったと言います。発達障害かどうかを考える際に検討すべきことはどのようなことでしょうか。

　発達障害の疑いということですから、1つには診断的な見方として、発達障害的な要素があるのかどうか、そしてそれは診断がつくレベルのものなのかどうかを考えることになるでしょう。また、発達障害と言っても、自閉スペクトラム症方向なのか、ADHD方向なのかということもあります。ADHDだと思われる場合でも、衝動的だが不注意ではないとか、不注意はあるが多動ではないなど、より分節化した見方が必要です。

　この子の場合はどうでしょうか。ここに書かれた2つの特徴はそれぞれADHDの不注意と衝動性の特徴を表していると言えます。しかし、それだけをもってこの子はADHDだとは言えません。ここに挙げられている情報は、「担任にこ

う言われた」と親が面接の中で報告した情報です。親からは家庭や学校以外の場での子どもについて他にどのような情報が得られるでしょうか。子どもを直接観察した場合も同様の特徴が見られるでしょうか。検査を実施するならば検査からも同じ傾向が見て取れるでしょうか。

　こうした情報をもとに診断基準を満たすかどうかを検討していくわけですが、気をつけねばならないことは、ADHDに当てはまる点だけでなく、当てはまらない点もしっかりと見ることです。「発達障害の疑い」と聞くと、発達障害に当てはまる要素ばかりを見つけ出そうという態度に陥りがちです。それを避けるためには、表を用意して両方を列挙してみるとよいでしょう（表3-2）。

　さらには、この2つの行動を説明できる要因がADHD以外にもあるかどうかを査定する必要があります。例えば、薬物の副作用ということはないでしょうか。あるいは家庭、親子関係といった環境要因はどうでしょうか。この2つの特徴は、例えば家庭が子どもの養育を十分にできず、子どもが情緒的に支えられていないために生じることもあります。ADHDか家庭環境かの二者択一ではありません。2つまたはそれ以上の要因が複合的に絡んでいるということもありえます。

表3-2　診断的査定のための特徴の分類

情報源	ADHDに当てはまる点	ADHDに当てはまらない点
親からの報告	・ ・ ・	・ ・ ・
直接観察情報	・ ・ ・	・ ・ ・
検査情報	・ ・ ・	・ ・ ・

診断的査定に関して留意点をいくつか付け加えておきます。初回面接後に、「このクライエントは○○病である」と断定的に言う必要はありません。それよりもむしろ、「この点は当てはまるが、この点はあまり当てはまらない」といった明細化の作業のほうが査定としては大切です。

　では、すでに主治医によって診断がつけられている場合は、どう受け止めたらよいでしょうか。これは第三者情報の扱いの話です。医師がつけた診断名はどこまで絶対的な判断なのでしょうか。診断名が誰の目にも明らかな事例もありますが、なかなか判然としない事例もあります。医師のなかで迷いが生じ、経過のなかで判断せざるをえないため、診断名の確定までにかなりの時間を要することもあります。

　また、医師にも個性があります。発達障害の診断を多くつける人もいれば、「発達障害の診断はなるべくつけない」と公言している人もいるくらいです。実際、主治医が交代するごとに診断名が変わる患者がいます。例えば、主治医が2回交代するなかで、診断名が双極性障害から統合失調症へ、そして自閉スペクトラム症へと変わった例があります。これは医師の個性によって注目するところが異なるためとも考えられますし、患者自身が変化してきたためとも考えられます。

　患者自身の変化で言えば、幼少期にADHDの診断がついた子どもが中学生くらいでずいぶんと落ち着いてくることがあります。過去につけられた診断名だけで判断しては見誤ることになりかねません。ただ、そう思っていたら、高校に入って学校の環境が肌に合わず、発達障害の特徴が再び露呈してくる例もあります。

　こう考えると、医師が診断を下したからといってそれを絶対視し、鵜呑みにすることはできません。「以前にそういう診断名をつけた主治医がいる。そのときの診断名はそうだった」「今の主治医はこの診断名をつけている」と控えめに受け止めるのがよいことになります。これは何も、医師を信用すべきではないということではなく、何事も批判精神をもって、自らの頭で考えてみようということです。

　最後はリスクの査定です。

状態像の査定のワーク④（リスクの査定）

〔事例2〕について、すでにある情報の中から、リスクの査定に関わる部分に下線を引き、今後の自殺のリスクを上げる要因と下げる要因を挙げてください。

〔事例2〕（情報を追加）

40代半ばの女性Bさん。主婦。夫、中学生の息子と3人暮らし。3年前から抑うつ的となり、精神科クリニックを受診。「うつ病」と診断され、薬物療法を受ける。2年前、「近所の人から悪口を言われている」ことを苦に、自宅で向精神薬を大量服薬して自殺を図った。自分では覚えていないが、夫に発見されて意識不明で救急搬送された。搬送先の精神科病院の病室で意識が戻ったとき、「私は自殺すらできないのかと思った」という。

入院中、心理検査実施の後、カウンセリングを開始。入院から1ヵ月半で退院。その後は外来でカウンセリングを継続。最近は、幼少時に母親から心理的虐待を受けていたこと、息子の高校受験のプレッシャーが語られる。自殺未遂については、「今ではなんであんな馬鹿なことをしたのかと思うが、あのときはそうするしか仕方がなかった」と語る。家事ができずに寝ているときがあるなど、うつ症状には波があるが、夫と息子は理解があり、「無理するな」と言ってくれる。

ワーク35の解答例

40代半ばの女性Bさん。主婦。夫、中学生の息子と3人暮らし。3年前から抑うつ的となり、精神科クリニックを受診。「うつ病」と診断され、薬物療法を受ける。2年前、「近所の人から悪口を言われている」ことを苦に、自宅で向精神薬を大量服薬して自殺を図った。自分では覚えていないが、夫に発見されて意識不明で救急搬送された。搬送先の精神科病院の病室で意識が戻ったとき、「私は自殺すらできないのかと思った」という。

入院中、心理検査実施の後、カウンセリングを開始。入院から1ヵ月半で退

院。その後は外来でカウンセリングを継続。最近は、幼少時に母親から心理的虐待を受けていたこと、息子の高校受験のプレッシャーが語られる。自殺未遂については、「今ではなんであんな馬鹿なことをしたのかと思うが、あのときはそうするしか仕方がなかった」と語る。家事ができずに寝ているときがあるなど、うつ症状には波があるが、夫と息子は理解があり、「無理するな」と言ってくれる。

　この事例において、自殺のリスクを上げる要因には以下のことが考えられます。

・うつ病と診断されていること
・一度自殺未遂をした人は、再度繰り返す可能性があること
・「私は自殺すらできないのかと思った」という自己効力感の低さ
・「幼少時に母親から心理的虐待を受けていた」という過去の傷つき
・「息子の高校受験のプレッシャー」という現在のストレス
・自殺未遂について、「あのときはそうするしか仕方がなかった」と今も語ること
・うつ状態に波があること
・「家事ができずに寝ている」ことに対して夫と息子に理解があることが、逆に「迷惑をかけている。私などいないほうが」という心苦しさにつながる場合があること

自殺のリスクを下げる要因には以下のことが考えられます。

・自殺未遂の方法が、確実に死ぬ方法でなかったこと
・偶然も含め「夫に発見され」たことから、家族とのつながりが感じられること
・退院後もカウンセリングを継続していること
・自殺未遂について、「今ではなんであんな馬鹿なことをしたのか」と思えること

・夫と息子が理解してくれること

　自殺のリスクを下げる要因といっても、どれも確実なわけではありません。また、このリストではリスクを下げる要因よりも上げる要因のほうを多く挙げていますので、心配にもなります。しかしカウンセラーにとっての救いは、カウンセリングが継続中であることです。それだけにカウンセラーの頑張りどころでもあります。

ステップ5：人物像を査定する

　続いて、人物像の心理学的理解に移ります。これにはパーソナリティの査定（内的要因）と対人関係の査定（関係要因）と心理社会的特徴の査定（環境要因）の3つが含まれます。人物像の査定項目を表3-3にまとめました。

表3-3　人物像に関する査定項目

1．パーソナリティの査定

- 知的、認知的側面
- 情動的側面
- 意志的側面
- 自己認識、自己評価
- 社会性
- 価値観、世界観（関心分野、生きがい、働きがい、人生の展望）

2．対人関係の査定

- 家族、親族関係
- 友人関係
- 異性関係
- 学校や職場での人間関係
- 地域社会における人間関係
- バーチャルな世界における人間関係

3．心理社会的特徴の査定

- 社会的地位
- 居住圏
- 経済状況

　まずは、パーソナリティの査定から始めます。

パーソナリティの査定のワーク①

　〔事例4〕について、パーソナリティの査定に関わる箇所に下線を引き、Ｄさんがどのようなパーソナリティの持ち主であると考えられるか、表3-3の「1．パーソナリティの査定」にある6つの観点に沿って可能性を挙げてください。

　〔事例4〕再掲

　Ｄさん、34歳男性。メーカー勤務。職場の人間関係でいろいろあって、2ヵ月前から休職中。クリニックに通っており、「不安障害と抑うつ状態」と診断され、薬が出ている。主治医からカウンセリングを受けることを勧められたが、そのクリニックではカウンセリングは受けられないので、自分でネットで探してここを見つけた。できるだけ早く受けたい。休職中なので曜日はいつでもよいが、時間帯は昼前がよい。

ワーク36の解答例

　Ｄさん、34歳男性。メーカー勤務。職場の人間関係でいろいろあって、2ヵ月前から休職中。クリニックに通っており、「不安障害と抑うつ状態」と診断され、薬が出ている。主治医からカウンセリングを受けることを勧められたが、そのクリニックではカウンセリングは受けられないので、自分でネットで探してここを見つけた。できるだけ早く受けたい。休職中なので曜日はいつでもよいが、時間帯は昼前がよい。

①知的、認知的側面

　「自分でネットで探してここを見つけた」という点から、ネットを検索する力や相談機関を見つけ出す知的能力があることがわかります。最終学歴は書かれていませんが、どうなのでしょう。

②情動的側面

　不安はどのような不安で、どの程度強いのでしょうか。それを自分でどのく

らい抱えられるのでしょうか。「できるだけ早く受けたい」や「時間帯は昼前がよい」には、気がはやるという面はないでしょうか。主治医に勧められてネットで探すまでの間、どれくらいの時間が経過したでしょうか。そもそも主治医に勧められてどう思ったのでしょうか。

③意志的側面

診断は「抑うつ状態」ですから意欲の低下が見られるのでしょうが、自分でネットで探して申し込みの電話をかけてくるだけの意欲やつながる力はあると言えます。

④自己認識、自己評価

Ｄさんが自分をどうとらえているのかは、これだけではまだよくわかりません。Ｄさんの自己評価はＤさんの病気にどう影響しているでしょうか。今回の休職や病気は、Ｄさんの自己評価にどのようなインパクトを与えているでしょうか。

⑤社会性

職場の人間関係について触れられていますが、社会性、対人態度は普段からどうなのでしょう。対人関係全般がうまくいかないわけではないのに、職場でだけうまくいかないのであれば、職場環境の要因が多いということになるでしょうし、普段から人づきあいがうまくいかないということであれば、パーソナリティの要因（社会性）を考える必要があるでしょう。電話申込時点での電話での応対ぶりはどうだったでしょう。そこからも社会性が窺い知れます。

もし、主治医に勧められて、「主治医に言われたからには是が非でもやらなくてはと思った」のだとしたら、従順さや権威に弱いといった面があるとも考えられます。

⑥価値観、世界観

「メーカー勤務」は、Ｄさんの希望する職業分野だったのでしょうか。現在の職務満足感はどうでしょうか。34歳という年齢は、生涯発達上、あるいはキャリア発達上、Ｄさんにとってどのような意味を持っているのでしょう。部下を複数持ち始めたとか、管理業務が以前より増えてきて責任を感じるとか、出世競争がシビアになってきたとか、ストレスを増大させているところはないでしょうか。休職はＤさんのキャリア発達にどのような影響を及ぼすのでしょうか。

もう1つ別の事例でやってみましょう。

パーソナリティの査定のワーク②

〔事例12〕について、クライエントがどのようなパーソナリティの持ち主であると考えられるか、表3-3の「1．パーソナリティの査定」にある6つの観点に沿って可能性を挙げてください。

〔事例12〕

　Gさん、56歳男性。妻と2人暮らし。2人の子どもは独立して別居。昨年、役職定年とともに、早期退職（定年は60歳）。退職後は趣味のカメラを持ってあちこち出かけ、最初のうちは楽しかったが、数ヵ月してすべてのことにやる気がなくなり、家にこもりがちとなる。近所の物音が気になり、朝早く出かけていく近所の車のエンジン音が聞こえるとイライラする。玄関先に出て車を睨んだこともある。妻の勧めで心療内科を受診、うつ病と診断される。昼間何もせずにゴロゴロしていると、妻に邪魔者扱いされていないかと気になる。

　大卒後の入社以来、一貫して総務の仕事をしてきた。自分の性格を「まじめ」と言い、「周囲からも信頼を得ていたと思う」と語る。語り口は柔らかく、ニコニコしながら、カウンセラーを気遣って話しているように感じられる。時折、椅子に深く腰掛け、目を閉じて沈黙するときがある。

①知的、認知的側面

　大卒で、総務の仕事を長年務め、周囲から信頼を得ていたのですから、知的側面は全般的には高いと言えるでしょう。

②情動的側面

　もともとは趣味を楽しむというポジティブな感情も持っていたのでしょうが、現在は、邪魔だと思われていないかという罪悪感、近所の物音へのイライラ感が見られ、車を睨みつける行動にはイライラを抑えがたい衝動性も垣間見えま

す。目を閉じて沈黙している間、どのような感情を味わっているのでしょうか。

③意志的側面

　現在は意欲が全般的に低下していますが、元来は1つの仕事を継続する意志の強さ、あるいは退職後のプランを実行に移す行動力があったものと思われます。

④自己認識、自己評価

　自分を「まじめ」と評しています。もう少し具体的に〈Gさんの言うまじめとは、どのようなことを指しておられるのですか〉と尋ねてみたいところです。

⑤社会性

　柔らかい語り口、ニコニコした表情など、他者に対して悪い印象を与えない態度が見られます。他者配慮的という形容がぴったりきます。他方、目を閉じて沈黙している姿は、逆に距離の遠さを感じさせます。それは現在の状態によるのか、それとももともとの性格によるものなのでしょうか。

⑥価値観、世界観

　在職時から仕事をするだけでなく、趣味の世界を持っていたことが窺えます。生涯発達的観点から見ると、退職後の生活についてプランも持っていたようですが、実際には思っていたのと違う生活になっています。振り返ってみて役職定年とともに早期退職したことは自分にとってよかったのか、という価値観の揺らぎが見られるのかもしれません。

　続いて対人関係の査定に取り組みます。パーソナリティのところに挙げた社会性が人への態度を表しているのに対して、ここで言う対人関係は実際に人とどのような関わりを持っているか、を指しています。それを把握することは、対人関係がクライエントにとってどのようにストレスとなり、またサポートとなっているかという理解につながっていきます。

対人関係の査定のワーク

〔事例4〕について、対人関係の査定に関わる箇所に下線を引き、Dさんがどのような対人関係を持っていると考えられるか、可能性をできるだけたくさん挙げてください。

〔事例4〕再掲

　Dさん、34歳男性。メーカー勤務。職場の人間関係でいろいろあって、2ヵ月前から休職中。クリニックに通っており、「不安障害と抑うつ状態」と診断され、薬が出ている。主治医からカウンセリングを受けることを勧められたが、そのクリニックではカウンセリングは受けられないので、自分でネットで探してここを見つけた。できるだけ早く受けたい。休職中なので曜日はいつでもよいが、時間帯は昼前がよい。

ワーク38の解答例

　Dさん、34歳男性。メーカー勤務。<u>職場の人間関係でいろいろあって</u>、2ヵ月前から休職中。クリニックに通っており、<u>「不安障害と抑うつ状態」</u>と診断され、薬が出ている。<u>主治医からカウンセリングを受けることを勧められたが</u>、そのクリニックではカウンセリングは受けられないので、自分でネットで探してここを見つけた。できるだけ早く受けたい。休職中なので曜日はいつでもよいが、時間帯は昼前がよい。

「職場の人間関係でいろいろあって」
・誰とうまくいかないのでしょうか。職場の人間関係と言っても、上司との関係、部下との関係、同期とのライバル関係、他部署の人との関係、女性職員との関係などがあります。誰ともうまくいかないのか、特定の人とうまくいかないのか。
・どのようなことがあったのでしょうか。意見の対立なのか、激高したのか、嫌がらせを受けたのか、自分が人を不快にさせてしまったのか、手柄を横取

りされたのか。それとも表立ったトラブルはないが、Dさんが1人悶々と辛さを抱えているのでしょうか。

・いつ頃からうまくいかない（と感じ出した）のでしょうか。はっきりとしたきっかけがあるのでしょうか。「いろいろ」と言うからには、辛いと感じたことは一度ではないのでしょうが、うまくいかない持続期間や頻度はどれくらいでしょうか。

「主治医からカウンセリングを受けることを勧められた」

主治医との関係は良好なのでしょうか。主治医からカウンセリングを勧められたことは、Dさんにどのような感情を引き起こしたのでしょうか。「支えられている」という安堵なのか、「言われたからには動かねば」という圧迫感なのか、「この先生の言うことは絶対に正しい」と心酔しているのか。

次は対人関係の中でも、家族関係についてのワークをします。

ワーク 39

家族関係の査定のワーク

〔事例8〕の家族構成について、家族関係を査定するポイントをいくつか挙げ、それが本人の心とどうつながっているかを考えてください。

〔事例8〕再掲（一部追加）

本人（女性、19歳、大学生）

父親（52歳、公務員）

母親（42歳、専業主婦）

弟（16歳、特別支援学校、知的障害）

妹（6歳、小学1年生）

母方祖父（80歳くらい、無職、軽度の認知症）

家族全員が同居。

まず、本人と親の年齢差を計算してみます。親が何歳のときに生まれたのか、その年齢差を本人はどう体験してきたか、親は結婚すること、子どもを持つこと、育てることについてどのような態度をとり、どのような感情を抱いてきたのかを知ることにつながります。

　次に、親夫婦の年齢差を見てみましょう。この例では、父親と母親に10歳の年齢差があります。結婚のいきさつはどうだったのでしょうか。これは夫婦関係に何らかの影響を与えているでしょうか。親夫婦の関係を本人はどのように見て育ってきたでしょうか。

　続いて、兄弟の人数を確認し、年齢差を見てみます。本人と弟は3歳違いであるのに対して、弟と妹の年齢差は10歳あります。そこには何か親の事情や思いがあるのでしょうか。弟と妹の間に流産や死産の経験はないでしょうか。それとも、子どもは2人でいいと思っていたが、10年の時を経てもう1人ほしいと思ったのでしょうか。あるいは、弟に知的障害があることは関連があるでしょうか。もともと子どもが3人ほしかったのが、2人目に障害があったことに衝撃を受け、3人目を持つまでに時間がかかったという親がいました。また、「親が年をとったときに、障害を持つ子どもの世話をしてもらえるようにもう1人生んだという面もある」と、本音を語った親もいました。本人は障害を持つ弟のことを、あるいは弟を世話する両親のことをどう思って育ってきたのでしょうか。

　最後に、母方祖父はどのようないきさつでいつから同居し、家族関係にどのような影響を与えているでしょうか。軽度の認知症というのは、生活にどのような影響をどの程度与えているのでしょうか。母方祖母は書かれていませんが、どうされたのでしょうか。

　念のためですが、家族はそれぞれ違ってよいのです。こうした仮説の検討は、良い悪いという価値を問題にしているのではありません。家族が抱える心の苦しみと、それがクライエントの心に与えている影響を知ることで、クライエントに共感を示し、支えるためにしていることです（『遊Q＆A』163）。

　最後に心理社会的特徴を取り上げます。

心理社会的特徴を査定するワーク

〔事例13〕を読んで、親子が置かれている心理社会的特徴を考えてみてください。万引きの背後にある要因としてどのようなものがあると考えられるか、可能性をいくつか挙げてみてください。

〔事例13〕

小学5年生の息子が1人で万引きをしたということで相談に来た37歳の女性。息子が生まれてわりとすぐに離婚、息子は自分の父親（本人からすれば元夫）を知らない。本人は離婚後、遠くの県から実家に子連れで戻り、介護職になるために資格を取って、現在はフルタイムで働いている。仕事にはやりがいを感じており、半年前からグループのリーダーを務めている。実家には両親が同居。校区は、古くからの地域と市営団地と裕福な人が住む新興住宅地が共存している。市営団地に住んでいる子どもの中には「やんちゃな」子もいるという。本人は、カウンセリングの中で「私がこんなに頑張っているのに」と子どもに怒りを感じたり、「寂しい思いをさせているのかな」と反省してみたり、「でもおじいちゃん、おばあちゃんもいるし」と思い直してみたり、と複雑な思いを語る。

この子の万引きが繰り返されないためには、何が万引き行為のアクセルとなり、何がブレーキとなりうるのか、そしてどうハンドルを切ればよいのかを知る必要があるでしょう。それを心理社会的特徴とつなげて考えてみます。

まず、この親子が住む地域は、校区内の3つの地域のうちどこにあるのでしょうか。実家が裕福なのかどうかによって、本人が働く意味も変わってくるでしょう。本人は生活費を稼ぐために働いているのか、自分のために働いているのか。実家は裕福でも、家計は別にすると約束をしている家もあります。その場合、例えば両親が厳しいのか、あるいは本人の側が甘えてはいけないという思いを貫いているのか。実家が経済的に苦しい場合、本人が稼ぎ頭ということもありえます。

市営住宅に住む「やんちゃな」子どもたちの直接、間接の影響はあるのでしょうか。1人で万引きしたということですから、集団でつるんでやったわけではありません。しかし、影響を受けている可能性を検討してみる必要はあるでしょう。

　さて、家族関係の側からも考えてみましょう。家族関係の中で息子はどんな思いをしているのでしょうか。本人はやりがいを持って働いており、半年前からグループのリーダーを務めているのは、本人にとって嬉しいことでしょう。しかし、息子から見たらどう見えているでしょうか。祖父と孫の関係、祖母と孫の関係はどうでしょうか。孫が家にいることに喜びを感じている祖父母もいますが、毎日毎日孫育てをするつもりではなかったのにという気持ちから、戻ってきた娘や孫をうとましく思って冷たく当たっている祖父母もいます。この家族の場合はどうでしょうか。本人と両親の関係（子どもから見た母親と母方祖父母の関係）を子どもはどのように見ているのでしょうか。会った覚えのない父親について、子どもはどのように聞かされ、どのような感情を抱き、どのような空想を広げているのでしょうか。

ステップ6：心の動きを理解する

ここまででクライエントがどのような状態に置かれているか、どのような人であるかがいくらか見えてきました。状態像と人物像を踏まえて、クライエントの心の中で何が起きているのかを理解する作業に移りましょう。

大切なのは、ひっかかりを持つことです。クライエントの言葉を聞き、行動を見て、「なんだろう、どういうことだろう」と思うことがひっかかるということであり、それがクライエントの心を理解する入り口になります（『Q & A』128）。

まずは、観察情報から心の状態や動きを推察してみましょう。

ワーク 41

観察情報から心の状態や動き、パーソナリティを探るワーク

ワーク12では、クライエントの外見や面接中の行動について、観察すべきポイントの例を挙げてもらいました。次の3つの例について、心の状態や動き、パーソナリティを推察して、可能性を挙げてください。

①毎回、全身黒を基調とした服装の人
②椅子に浅く腰掛ける人
③ノートを毎回持参してメモをとる人

大切なことは、可能性は1つではない、ということです。それぞれ複数の可能性を挙げてください。同じ事象でも、見る側にどのような主観的な感情やイメージが湧くかということも手がかりの1つです。

ともかく3つとも思いつくだけ書き出してみましょう。

```
┌─────────────────────────────────────────────┐
│ ①                                           │
│                                             │
│                                             │
│ ②                                           │
│                                             │
│                                             │
│ ③                                           │
│                                             │
└─────────────────────────────────────────────┘
```

　いくつか例を挙げてみます。自分が書いたものと照らし合わせてみてください。

　①服を買うときには気に入るものを選びますし、その日着ていく服を決めるときにも選びます。服装には自己主張や印象操作などの対他的意味合いと、お気に入りのものを着て自分の気分を持ち上げようとする対自的意味合い、今の心理状態を映し出す鏡としての投影の意味合いがあると言えます。

　黒が好きな人、黒が似合うと人から言われる人、痩せて見えるからという人もいるでしょう。意識して黒を着こなしている人がいる一方で、これまで生きてきた自分の人生の陰鬱さからすれば、自分にはこれ以外の色は考えられないと感じている人もいるでしょう。また、喪に服している時期なので黒を選んでいる方もおられるでしょう。セラピーの進行とともに明るめの服装に変化する方もおられます。他には？

　②姿勢を正すには浅く腰掛けるほうがよいと思っているのでしょうか。深く腰掛けることは相手に失礼だと思っているのでしょうか。誰かにそう教えられたのでしょうか。焦りなのか、不安なのか、気持ちが落ち着かず、ゆったりすることができないのでしょうか。何かが起きたときにすぐに立ち上がれるように警戒しているのでしょうか。セラピーの進行とともに、ゆったり座るようになるでしょうか。他には？

③こうした場合、以前はすぐに「知性化」と言われたりしたものです。確かに、頭だけで考えて心を動かさない人もいますし、防衛的にセラピストとの間にノートという媒介物を置いているのではないかと思われる人もいます。その場合は、セラピーの進行とともに書くことをやめるようになるかもしれません。しかし、いつもそういう意味とは限りません。熱心さの表れかもしれませんし、家に帰ってもう一度読み返したいのかもしれません。自分の記憶力に不安を抱えているのかもしれません。書くほうが何かをしたという実感が持てる、積み上げ感が得られるのかもしれません。他に相談歴があるのであれば、以前のところでそのように助言されたのかもしれません。他には？

次に**ワーク14**の続きをしましょう。母親に対する行動の観察情報から、子どもの心の動きと母子関係を査定するワークです。

ワーク42 子どもの心の動きを読むワーク（ワーク14の続き）

　就学目前の子どものインテークを終えて待合スペースに戻ってきましたが、別室で行っていた母親面接が少し延びているようで、母親はまだ戻ってきません。待合スペースで子どもと2人で待つことにすると、子どもが本棚から絵本を取り出して、読み始めます。

　母親が戻ってくると、子どもは次のような行動をとりました。それぞれの場合に、子どもの心の動きはどのように推察されるでしょうか。

イ）母親が出てきたのに気づくと、すぐに読むのをやめて母親に抱きついた。

ロ）母親が出てきたのに気づくと、すぐに読むのをやめて「お母さん、何の話をしてたの？」と母親に尋ねた。

ハ）母親が出てきたのに気づいて母親を見たが、そのまま続きを読んでいた。

これもまず書いてみましょう。

イ）

ロ）

ハ）

ニ）

以下に可能性を挙げてみます。

　イ）母親との愛着が形成されているということでしょうか。「絵本よりも母親
が大事」といったところです。逆に愛着形成が不十分で、不安が強すぎて抱き
ついたということはないでしょうか。別室に分かれるとき、分離不安を見せた
かどうかを考え合わせてみましょう。他には？

　ロ）自分のことがどう話されているのか気になっているのでしょうか。それ
とも、自分のことが話されているとは思っていないのでしょうか。自分が「今
日ここに何をしに来たのか」がわかっていないのかもしれません。母親に自分
の知らない部分があることを気にしているのかもしれません。他には？

ハ）話の続きが気になるので「今は母親よりも絵本が大事」なのでしょうか。まだ時間があると思っているのでしょうか。待ってくれると期待しているのでしょうか。急には切り替えられないのでしょうか。それとも待たされたことへの抗議で無視しているのでしょうか。他には？

ニ）母親が出てきたことに気づかなかったのでしょうか。それは不注意でしょうか、過集中でしょうか。愛着の薄さでしょうか。それとも出てきたことに気づいてはいるのですが、あえて気づかないふりをしているのでしょうか。それは抗議でしょうか。あるいは自分に関心を引き、母親から声をかけられるのを待っているのでしょうか。子ども担当者が「お母さん戻ってきたよ」と声をかけたら、子どもはどんな反応をするでしょうか。他には？

　今は子ども 1 人の心の動きを取り上げましたが、母親の心の動きも考える必要があります。そこには 2 人の相互作用があるからです。母親は戻ってきたとき、子どもに対してどのように反応するでしょうか。「待たせてごめん」と声をかけるでしょうか。あるいは「何を読んでたの？」と読んでいた本に関心を示すでしょうか。それとも「さあ、もう帰るよ」と急かすでしょうか。あるいは子どもに声をかけることなく窓口で支払いをするかもしれません。そうした関わり方はこの母子にとっていつものことなのでしょうか、この日の状況によるものなのでしょうか。

インテーク前に得られた
第三者情報から家族関係を査定するワーク

　子どものことで相談したいと40代の女性から申し込みの電話がありました。相談には 1 人で来るとのことでした。2 日後に相談担当者と相談日時が決まり、その旨をクライエントに受付から電話で伝えました。その 3 日後、「息子も連れていく。親子別室でお願いしたい」との電話連絡が入りました。さらにその 2 日後（インテーク予定日の前日）、「明日、夫も行きたいと言っている。車で行ってもいいか」との問い合わせがありました。電話

対応したのはすべて受付職員で、担当者はまだクライエントと話したこと
はありません。この家族で何が起きているのか、推察してみてください。

ワーク17で「電話で申し込む方式の相談機関であれば、最初の問い合わせや
申し込みの電話の際、クライエントはどんな様子だったのか、自分が担当するこ
とになる前の情報についても尋ねておきましょう」と書きました。この例のよう
に、インテークまでの間に電話でのやりとりを何度か経ている場合もあります。
「インテーカーはどんな人か」とか、「下の子も連れていきたいが、託児はしても
らえるか」といった問い合わせもありえます。そうした情報は、決して取るに足
りないものではありません。

　なぜなら、こうした情報は、そのクライエントの置かれている状況や、対人
関係や不安を表すものとして査定の材料となるからです。また、セラピーの構
造は最初からあるものではなく、情報をもとに個別に作り上げるものだからと
いうこともあります。構造に関してクライエント側からの要望があった場合、
それに対するカウンセラーの理解と判断があるはずです。その判断はその後の
経過に影響を与えるかもしれません。ですから、インテーカーはインテーク前
の経緯について受付に尋ねて記録を残し、自らの判断を記しておかねばなりま
せん。もしその事例を他の人に引き継ぐことになった場合、なぜそのような構
造で始まったのかを最初の人が記録しておかなければ、後任者は「それについ
てはわかりません」と言うしかなくなり、「わからない」が引き継がれていって
しまいます。ちなみに、私が勤務する相談機関では、インテーク報告書の「主
訴」欄の上に、「申し込みからインテークまでの経緯／インテークの構造」欄を
設けて、特記事項を書き込めるようにしてあります。

　こうした問い合わせや要望があった場合にどう対応するかについては、『**遊**
Q&A』**31**と**40**を参照していただくとして、ここではインテーク前のやりとり
から家族関係をどう理解しうるかについて考えましょう。この例では「1人で
行く→息子と2人で行く→夫も入れて3人で行く」とだんだんと人数が増えて
きました。何が起きているのでしょうか。クライエントは息子にどう説明し、
説得をどの程度要したのでしょうか。息子は望んで来るのでしょうか、それと
も母の勢いに負けて来るのでしょうか、あるいは母に気を遣っているのでしょ

うか。夫はクライエントから話をどう聞いたのでしょうか。夫はもとから行く
つもりだったが、仕事の都合がついたのがインテークの前日だったのでしょう
か。それとも、クライエントから前日になって運転を頼まれたのでしょうか。
夫も一緒に面接に入るつもりなのでしょうか。

　他には？

　次は行動特徴を形作る要因を探るワークです。

行動特徴の背後にある要因を探るワーク

　クライエントが「私、片づけられない人なんです」と言いました。それ
が事実だとして、何がどうであるために片づけられないのでしょうか。可
能性を挙げてください。

　「片づけられない」というのは、これ以上分解できない特徴ではありません。
「片づけられない」人とレッテルを貼るだけでわかった気にならず、さらに分解
してみましょう。

ワーク44の解答例

・物が多すぎる
・物を捨てられない
・片づけ方がわからない
　　収納する器（袋、棚など）が用意されていない

収納する器はあっても、物を分類できない
・片づけることが習慣づけられていない
・やり始めると徹底的にやるので、逆に腰が重い
・片づけは1年に一度まとめてやればよいと思っている
・片づける必要がないと思っている
　　実際に何とかなっている
　　実際には困っている

他には？

この後は、「パーソナリティ特徴」を分節化するワークを5つ行います。

パーソナリティ特徴を分節化するワーク①

　クライエントが「私、優柔不断なんです」と言いました。優柔不断とは
この場合どういう意味でしょう。どのような心の動きがあって優柔不断に
なっているのでしょう。可能性をいくつか挙げてください。

ワーク45の解答例

・「はい」か「いいえ」か自分でもよくわからない
・「はい」でもあり「いいえ」でもあるとわかっているので決められない
・「はい」なのははっきりしているのだが相手の反応が怖くて自分からは言え
　ない
・責任を取るのが怖いので、他の人の意見に合わそうとする

他には？

パーソナリティ特徴を分節化するワーク②

　クラスの担任教師がコンサルテーションを求めてきて、対象の子どもについて「おとなしい子」だと言いました。「おとなしい子」と言われる子どもにもいくつかの場合がありそうです。「おとなしい子」の心の中ではどのようなことが起きている可能性があるでしょうか。

ワーク46の解答例

・「自分」がしっかりあるので、人の言うことを素直に聞いても自分を失うことがないからおとなしい子
・「自分」はある程度あるのだが、周囲の事情（両親の仕事上の忙しさ、夫婦仲の悪さなど）のため、自分の欲求を抑えざるをえなくて、おとなしくしている子
・周囲にばかりエネルギーを取られて自らにエネルギーが割けなかったために、そもそも「自分」がない。人の言うことをそのまま聞く以外にどうしてよいかわからないためにおとなしい子

他には？

パーソナリティ特徴を分節化するワーク③

あるカウンセラーはインテークでクライエントと接していて、「人との距離が近い人だな」と感じたと言います。この距離の近さにはクライエントのどのような心が映し出されているのでしょうか。可能性をいくつか挙げてください。

ワーク47の解答例

・信頼関係を作ろうとして、節度を保ちながら積極的に親しげに近づく（信頼関係構築タイプ）

・安心感を求めて甘えるために近づく（甘えタイプ）

・対人不安が高く、その防衛のために近づいて、「うまくいっていないことはない」と安心したい（高不安タイプ）

・相手が勝手な動きをしないようにコントロールしようとして近づく（高コントロールタイプ）

・人に対する敬意がなく、「人は利用すればよいのだ」と考えて、悪意を持って人の領域にズカズカと入り込む（横暴タイプ）

・悪意を持っているわけではないが、人との距離や関係に無頓着で、相手の気持ちや関心に配慮することができず、自分の言いたいことを言い、やりたいことをやるために、結果的に距離が近いとみなされる（無頓着タイプ）

他には？

パーソナリティ特徴を分節化するワーク④

クライエントは人から「気を遣う人」だと言われ、自分でもそう思って います。周囲の人に対してどのような気の遣い方をしているのでしょうか。 可能性をいくつか挙げてください。

「気を遣う」といっても、「気配り」から「顔色を窺う」まで幅があります。

ワーク48の解答例

・相手に喜んでもらおうと思って気を遣う
・相手が恥をかいてプライドが傷つかないように気を遣う
・相手からどう思われているかわからないのが不安で、嫌われないように気を遣う
・集団の中で自分だけが浮かないように気を遣う
・集団の中で他の人が浮かないように気を遣う
・場が緊張しないように気を遣う
・相手が怒り出さないように（逆鱗に触れないように、地雷を踏まないように）気 を遣う

他には？

パーソナリティ特徴を分節化するワーク⑤

〔事例14〕を読んで、Hさんはなぜ人に分担を頼まず何でも1人でやろうとするのか、可能性をいくつか挙げてください。

〔事例14〕

双極性障害の診断がついている50代女性、Hさん。時折、周囲に対して感情を爆発させてしまう。また、希死念慮があり、一度は大量服薬を試みたことがある（未遂）。話を聞いていくと、人に分担を頼んでよい場面でも、1人で抱え込んで自分でやろうとすることがわかってきた。

ワーク49の解答例

・能力が高いのでやれてしまう
・役割としてそういうものだと必要以上に思い込んでいる
　　例：母親はそれくらいやって当然
・人を信頼して任せることができない
・負い目があるので、人に頼めない
・人への頼み方がわからない。甘え方がわからない
・人に気を遣うくらいなら1人で全部やるほうがマシだと思う
　　例：人と分担すると、自分のほうが負担が少なくないか、相手は自分のほうが多いと思って怒っていないか、などと気になってくる

他には？

最後はカウンセリング関係の査定に関するワークです。

カウンセラーとの関係に
表れた心を読む

　カウンセリングはまだ道半ばで、症状も治っていないし、取り組むべき心の課題もまだ残っているとカウンセラーは考えています。ところがある日、クライエントが突然「今日でカウンセリングをやめたい」と言いました。クライエントはどうしてそんなことを言い出したのか、考えられる可能性を挙げてください。

　カウンセラーにとって、自分とクライエントとの間で何が起きているかを自分で観察することは、最初のうちは特に難しい課題です（『Q & A』138）。可能性を挙げてみましょう。なお、こうした申し出があった場合の対応の仕方については、『Q & A』196と『遊Q&A』186を参照してください。

ワーク50の解答例

・金銭的に続かなくなってきた
・家族に止められた
・このままカウンセリングを続けていても変わらないように感じ、嫌気がさしている
・自分自身を見つめることが辛くなってきている
・カウンセラーが前回に言った言葉に傷ついたと感じている
・カウンセラーのことが束縛する自分の母親と同じように思えてきて、そこから逃れようとしている
・カウンセラーに負担をかけているのではないかと思い、身を引こうとしている
・子どもの頃に人に頼ってはいけないと教え込まれており、「人に頼っている自分はだめだと感じると離れていく」というクライエントの対人関係パターンがカウンセラーとの間でも繰り返されている
・相手が言ったことを否定したくても否定できない性格で、「その辛さが募るとそのことを言わずに離れていく」というクライエントの対人関係パターンが

カウンセラーとの間でも繰り返されている
・自分が罪深いことをしたことが思い出されてきて、それをカウンセラーに語ったらカウンセラーに叱られ、嫌われるような気がして怖くなったために、立ち去ろうとしている

他には？

　関係を読むには、カウンセリングの前後をつなげて考える見方が必要です。例えば、「クライエントがこう発言したのは、その前の回の最後にセラピストがこう言ったことに対する反応なのではないか」といったとらえ方です。

　クライエントの個々の言動や人格的特徴の背後にどのような心の動きがあるか、複数の可能性を挙げることがいくらかできるようになってきたでしょうか。

ステップ7：見立てをまとめる

　第2段階のまとめに入ります。ここまで、クライエントについての情報を集め、査定し、心の動きについて推察してきました。1つの事例を構成する要素が複数見えてきたはずです。これを受けて、それらの各要素がどのようなつながりとまとまりをもって困りごとをなしているかを統合的に理解する作業をします。それが見立ての作業です。

　カウンセラーはクライエント理解を進めるとき、「ズームイン」と「ズームアウト」を使い分けます。ズームインして言葉の1つ1つ、動きの1つ1つを顕微鏡のようにきめ細かく観察したと思ったら、今度はズームアウトして生活史の全体、家族関係や家系の全体、生活環境の全体、面接経過の全体、クライエントの心の中で起きていることの全体をざっくりとつかむ。そしてまた別の部分にズームインするという具合に焦点移動と拡大縮小を繰り返していく中で、見立てが形を成してきます。森を見て、木を見て、樹皮を見て、枝ぶりを見て、葉を見て、土を見て、木を見て、また森を見る感覚です。

　例えば家族関係を査定するとき、家族成員の1人を取り上げ、その言動からその人の心の動きに迫るときはかなり細かなところまでズームインしていますし、そこから現在の同居家族の関係を見るときにはいくらかズームアウトし、親族関係や家系を見るときにはさらにズームアウトすることになります。とりわけ**ステップ6**では心のひだの細かいところまでズームインした見方をしましたが、**ステップ7**ではズームアウトした見方に取り組みます。

　序章に、見立ては「事例全体についての仮説的な心理学的理解」であり、「そのクライエントの個別性に立脚し、症状やいわゆる不適応行動、心理的特徴、その他の背景要因との絡みをストーリーとして、あるいは概念的な図式として表現する行為」と書きました。まずは、事例を読んでその中に含まれている心的要素をキーワードとして抜き出し、キーワードを並べ替え、影響の方向を矢印で示して概念図を作成するワークから始めます。

事例に含まれる心的要素を
概念図に表すワーク①

　〔事例14〕に含まれる心的要素を取り出し、流れをつないで図にしてください。

　〔事例14〕（後半追加）

　双極性障害の診断がついている50代女性、Hさん。時折、周囲に対して感情を爆発させてしまう。また、希死念慮があり、一度は大量服薬を試みたことがある（未遂）。話を聞いていくと、人に分担を頼んでよい場面でも、1人で抱え込んで自分でやろうとすることがわかってきた。それがうまくいっているうちはよいが、限界を迎え、「どうして自分ばかりがこんな目に遭わねばならないのか」とか「自分がこんなに頑張っていることをどうしてわかってくれないのか」という思いが募ると、感情を爆発させることがわかってきた。さらに、そんなふうに爆発させたことで迷惑をかけたと思い、人には頼めない、自分でやらねばと思う。また、「迷惑をかけて家族に申し訳ない」「私などいなくなってしまったほうがいい」と考えるときに、死にたくなるのだということもわかった。

　顕在化した行動とその背後にある感情に分けてキーワードを挙げてみます。

・**行動面**：感情の爆発、希死念慮、大量服薬、1人で抱え込んで自分でやる
・**認知・感情面**：人には頼めない、うまくいかない、どうして自分ばかりが、迷惑をかけてしまった、私などいないほうがいい

　これらをつなぎ合わせると、例えば次のように、2つの円環図の組み合わせで図示することができるでしょう。つまり悪循環が2つあるということです（図3-2）。

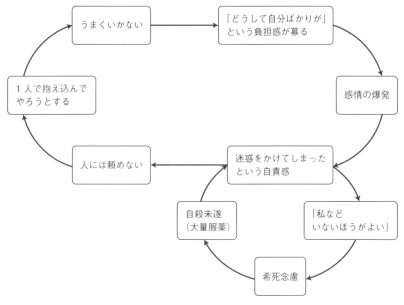

図 3-2 〔事例14〕の見立ての円環図

概念図を作成するワークをもう１つ行います。

事例に含まれる心的要素を
概念図に表すワーク②

〔事例15〕に含まれる心的要素を取り出し、流れをつないで図にしてください。

〔事例15〕

40代後半の男性、Iさん。妻子に暴言・暴力をふるってしまうことが度々あり、妻から離婚を持ち出されているが、Iさんはやり直したいと考えている。話を聞くと、暴力は酒を飲んだときだけだという。しかし、酒を飲むと常に暴力をふるうのでもない。仕事上のストレスがあるときだとわかっ

てきた。また、ストレスを感じたらすぐに酒に頼るというわけではない。自分のことを根性論者だと言い、ストレスを感じたとき、ストイックに自分1人で何とかしようとする。しかし、自分を追い込みすぎてかえって疲れてしまい、それがストレスになるのだという。

　詳しく話を聞いたおかげで、「仕事上のストレスを感じたから妻子に暴力をふるった」という単純な図式ではないことがわかってきました。カウンセリングで話を聞くことの大切さが感じられます。わかったことを流れ図にすると、図3-3のようになります。

　仕事上のストレス（第一のストレス）、1人で何とかしようと自分を追い込んで疲れてしまうこと（第二のストレス）、離婚の危機（第三のストレス）と、ストレスが三重に積み重なっている様子が窺われます。

図3-3　〔事例15〕における仕事上のストレスから離婚の危機への流れ図

ワーク 53 事例に含まれる心的要素を概念図に表すワーク③

　〔事例15〕について図3-3のような流れを考えたとき、新たに生まれてくる疑問を列挙してください。

　例えば次のような疑問が浮かびます。

・仕事上のストレスとはどのようなものか。それを低減する方法はあるか。

・根性論とはどのようなものか。それはどのようにして形成されたのか。
・1人で何とかしようと自分を追い込むことに疲れたとき、酒を飲む以外のストレス対処法はないのか。
・深酒とはどれくらい飲むことをいうのか。
・イライラが妻子に向けられるのはなぜか。その際の暴言暴力というのはどの程度のことを指すのか。
・離婚の危機とは、現在どのような状態にあるのか。
・Iさんは離婚を避けたいと言っているが、妻のほうはどのように思い、どう行動しているのか。離婚を回避できる可能性はどの程度あるのか。
・他には？

　このような疑問を持つことで、どの部分に焦点を当てて話を聞いていけばよいのかについて、ヒントが得られやすくなります。〔事例15〕についてさらに理解を深めていきましょう。

事例に含まれる心的要素を
概念図に表すワーク④

　ワーク53において挙げられた疑問に基づいて話を聞いたところ、以下のことがわかってきました。ワーク52で作成した流れ図を更新してください。

〔事例15〕（続き）
　仕事上のストレスは、仕事量の多さと締め切りに追われることの2つだという。根性論で解決しようとするのは自分自身が父親からそのように言われて育てられ、やらないと殴られることもあったからだということがわかってきた。一方、家族外でイライラをぶつけるのはよくないが、妻子にはぶつけてもよいという家族観を語る。ここにも父の影響がありそうである。

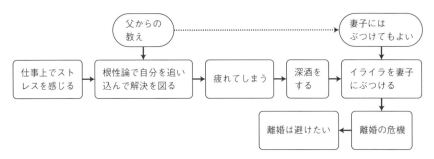

図 3 - 4 〔事例15〕における仕事上のストレスから離婚の危機への流れ図（追加）

　図3-3と図3-4を比較してみると、ストーリーとしての理解がより深みを増し、見立てが進展していっているのがわかると思います。

　生活史情報を聞いていく目的は、単に事実を羅列的に収集するためではありません。事実を明らかにし、それを時系列に並べ替えることを通してストーリーとして理解し、クライエントの側に身を置き、クライエントが体験してきたことを追体験するためです。

　カウンセラーは、クライエントがその出来事を、あるいは出来事と出来事の間に起きたであろうと推測されることをどのように体験したか、想像力を働かせます。「○○したと思ったら、△△が起きて、そこで誰々からこう言われたのだな。そこで別の道も考えたけど、やはり当初の予定通りあえて辛いほうを選んだのか。この後はわりと平穏だったけど、この出来事がきっかけで症状が出始めて、それで通院することになったのだな」と。そうやって、クライエントが抱える心の苦しみに共感しようと努めるのです。そこで次に、事実のみが提示された年表からクライエントの心の動きをストーリーとしてとらえるワークをしましょう。

ワーク
55

クライエントの心の動きを
ストーリーとしてとらえるワーク①

　〔事例16〕には、クライエントが体験した出来事が年表形式で提示されています。これをもとに、クライエントはそのとき、あるいは出来事と出来事の間にどのように感じていたかを想像し、出来事と出来事を1つのストーリーとしてつないでみてください。

〔**事例16**〕中学3年生の女子Jさん。不登校。

X年	誕生。同居家族は両親と4歳の姉、父方祖父母。
3歳	弟誕生。同居していた父方祖父母は男の子の誕生を喜んだ。
5歳	幼稚園年長時、父親が単身赴任をすることになった。父親は月に一度、週末に帰宅した。母親は舅姑との関係にストレスを感じていた。
小6	父親が単身赴任を終えて戻ってきた。母親は元気を取り戻した。姉は成績が優秀で有名私立高校に入った。Jは2学期から学校を時々休むようになり、中学受験はしたくないと言ってしなかった。
中1	公立中学入学。4月の間は登校し、文科系のクラブにも籍を置いた。 ゴールデンウィーク後、風邪を引いたことをきっかけに学校を休み、それから登校できなくなった。
中3	1日も登校せず、昼間は自室で過ごしている。姉は大学に入学。弟は中学受験を目指して受験勉強とサッカー教室の両立に忙しい。

　この後さらに回を重ねる中でわかってきた出来事と、そのときにJさんが抱いていた気持ちに関する情報を追加しながら、Jさんが一連の出来事をどのように体験していたかを1つのストーリーとして描いてみましょう。

ワーク55の解答例

　Jさんが生まれたとき、両親と父方祖父母と4歳の姉との6人家族だった。3歳のときに弟が生まれた。同居していた父方祖父母は男の子の誕生を喜んだ。幼稚園の年長のときに父親が単身赴任をすることになった。父親は月に1度、週末に帰宅したが、母親は舅姑との関係にストレスを感じていた。小学生になったJさんは、母親が泣いている姿を見て、母親を慰める役を取り、母親もそれを頼りにしているところがあった。姉と弟は自分のしたいことを自由にしていたが、Jさんには母親を慰める役を取ることが母親から愛情を得る方法のように感じられていた。

　小学校6年生になって、父親が単身赴任を終えて戻ってきた。姉は成績が優秀で有名私立高校に入った。Jさんも成績は悪くはなかったが、飛び抜けてというわけではなく、クラスでは特に嫌われることもないが、おとなしい存在だった。母親は父親が帰ってくると元気を取り戻し、Jさんからの慰めを必要としなくなっていたが、それはJさんにとっては母親の裏切りのように感じられた。母親から「あなたもお姉ちゃんのように自分のしたいことをしなさい」と言われたが、「自分」を作ることなどしてこなかったので、そう言われてもどうしていいかわからなかった。2学期から学校を時々休むようになり、中学受験はしたくないと言ってしなかった。

　公立中学に入ったJさんは、4月の間は登校し、文科系のクラブにも籍を置いたが、ゴールデンウィーク後に風邪を引いたことをきっかけに学校を休み、それから登校できなくなった。小学校のときからの親しい友人が1人だけいて、その子も心配して家を訪ねて来てくれたが、Jさんはあまり会いたくなさそうにして、次第に疎遠になっていった。

　中学3年生となった現在は1日も登校せず、昼間は自室で過ごしている。両親はJさんを心配しているものの、どう対応すればよいか困り果てている。祖父母は学校に行こうとしないJさんのことを否定的に見ているが、なかば諦めている。姉は大学に入学し、自分のことに忙しい。弟は中学受験を目指して受験勉強と、サッカー教室の両立に忙しい。

　次のワークで、Jさんの心の苦しみをまとめましょう。

クライエントの心の苦しみを
理解するワーク

〔事例16〕のJさんは、不登校の背後にどのような心の苦しみを抱えているといったらよいでしょうか。200字程度で言語化してみてください。

まず自分で書いてから、この後の解答例と比較してみてください。

ワーク56の解答例

　Jさんは、父親が単身赴任中、姑との間で辛い思いをしていた母親を慰める役をとることに自分の存在意義を見出していた。父親が戻ってきて母親が元気を取り戻すと、自分の存在意義が失われるように感じ、かといって優秀な姉や期待されている弟のように「自分作り」をしてこなかったため、これからの自分に自信が持てない。そのため前を向いて進めないように感じている。また、不登校になることで、周囲から否定的な評価を受けることにも苦しんでいると考えられる。

　「不登校であることによる心の苦しみ」「不登校に至った心の苦しみ」、ともに伝わってきたでしょうか。

　続いて、**ワーク55**と同様に、生活史のストーリーを共感的に読むワークをします。繰り返しますが、生活史を事実の羅列としてではなく、クライエントがその出来事を、あるいは出来事と出来事の間に起きたであろうと推測されることをどのように体験したか、想像力を働かせて読む練習です。

クライエントの心の動きを
ストーリーとしてとらえるワーク②

　ワーク30で取り上げた〔事例9〕のEさんが、21歳になって「職場の人間関係がうまくいかない。距離の取り方がわからない」という主訴で、以前とは別の心理相談機関でカウンセリングを受け始めました。以下に書かれた事実関係についての記述を、「家族の変化をEさんがこれまでどのように体験してきたか」がわかるように、Eさんの目線で書き換えてみてください。

〔事例9〕の5年後

　クライエントのEさん（21歳女性）は、高校卒業と同時に就職（工場勤務）して4年目。高校生のときも就職してからも人間関係が持てないわけではない。しかし、「距離の取り方がわからない」という。

　実父と実母（41歳）は、Eさんが就学した頃に離婚。理由は不明だが、Eさんが保育園の頃は、両親の激しい喧嘩が絶えず、実父の実母に対する暴力もあったと思うと語る。離婚後は、母方祖母と同居していた。10歳頃に実母が再婚、実母と継父とその連れ子（Eさんより3歳年下の女子）との同居が4年ほど続いたが、14歳頃に実母が再び離婚。その後は実母と2人暮らしだったが、1年半くらい経ったときに、母の恋人（実母より年下の男性）が同居を始めた。その頃（16歳）、高校のスクールカウンセラーに話を聞いてもらっていた。高校卒業とともに就職し、家を出て別の地方で一人暮らしを始めた。

　就職後3年が経過して、自ら心理相談機関を訪ね、新たにカウンセリングを受け始めた。カウンセラーに対してとても「よい子」で、カウンセラーの言うことに対して何でも肯定する点が、カウンセラーは気になっていた。ある日突然、「今日でカウンセリングをやめたい」と言い出したため、カウンセラーは大変驚いた。

最後の部分を読んで、同様に驚かれたでしょうか。それともうっすらとそんな気がしていたでしょうか。この後さらに話を聞く中でわかってきたことを踏まえて、Eさんの心の動きを1つのストーリーとして描いてみましょう。

ワーク57の解答例

　保育園の頃、実父と実母の激しい喧嘩が絶えなかった。実父の実母に対する暴力もあったと思う。就学した頃に両親が離婚、引っ越して母方祖母と同居することになった。母親は仕事をしていたため、祖母はよくしてくれた。しかし、祖母は母親に対しては厳しく、母親はそれを毛嫌いして時々祖母と言い争いをしていた。

　10歳頃、実母が再婚したため、祖母宅を出て、継父とその連れ子（3歳年下の女子）との4人暮らしが始まった。継父の連れ子のことは「妹」と呼ばされた。母親が継父と仲良くしているため、「2人（継父と連れ子）とは仲良くしないといけない」と思った。しかし、「妹」は、私の部屋に置いてある私の物を勝手に持って行ってしまうような嫌な子で、私に対して馬鹿にしたような態度をとっていた。かわいいと思ったことは一度もなかった。14歳のとき、実母と継父が離婚して、正直ホッとした。

　16歳のとき、母の恋人が同居。悪い人ではなかったから、表面的にはそれなりに話もしたが、母よりも若い人なので警戒もしていた。母親は私に早く出て行ってほしそうだったので、「私はいてはいけないのではないか」と思い、高校卒業とともに就職して家を出た。

　職場は、働きにくいことはない。年配の人も気を遣ってくれるし、同世代の人とは昼食も一緒に食べる。しかし、「距離の取り方がわからない」。高校生のときも今も、人とどれだけ仲良くするか、どれだけ遠ざけるかといったことがよくわからない。だから、ともかく無理にでも仲良くしようとして、考え方や感じ方の違いが露呈しないように相手に合わせてきた。幼い頃から人と人が揉めているのが嫌で、ともかく揉め事を避けようとしてきた。

　カウンセリングのその後の経過の中で、4年間同居していた継父とその連れ子については、当時次のような疑問を持っていたことが語られた。継父は私にとって父親なのか、「おじさん」なのか。「妹」と呼んでいる血のつながってい

ないこの子は妹なのか何なのか。本当にこの2人と仲良くしないといけないのか。仲良くしないわけではないが、仲良くするってどうすることなのか。すべてを受け入れることか？　遠ざけてはならないのか？　こっちが仲良くしようと思っても向こうにその気がない場合、こっちはどれだけ仲良くしようと思えばよいのか？

　その疑問は、実母と実父にも向かった。母と実父も最初は仲良くしていたのだろう。でも仲良くなくなったのはなぜか。努力して「仲良く」をもう少し長く続けることはできなかったのか。母親のために誰かと仲良くしようとするとか、母親のために家を出るといった気遣いも、母親との物理的、心理的距離の取り方が難しかったことを物語る。

　人と仲良くすること、近づくこと、遠ざかること、遠ざけることに関する疑問がEさんの中にはずっとあって、それが現在の人間関係にも影響を与え、しっくりといかない感覚につながっていると考えられる。

　さて、そうした対人関係パターンがカウンセラーとの間で反復されてもおかしくはない。カウンセラーに対してとても「よい子」で、カウンセラーの言うことに対して何でも肯定するのもまた、「仲良くしなければ」といういつものパターンが繰り返されているのではないか。

　違うと思うなら「違う」と言えばよいのだが、それが言えない。すると、内心肯定していないことを無理に肯定している自分が辛くなってくる。その辛さから逃れるには、カウンセラーを遠ざけるしかない。遠ざけるためにはもう会わないという道しかないように感じるのかもしれない。ある日突然、「今日でカウンセリングをやめたい」と言い出したのはそのためではないか。

　書き換え前よりも書き換え後のほうが、Eさんが抱える心の苦しみへの共感が深まった感じがするのではないでしょうか。

　ところで、最後の部分は精神分析で言う転移の話です。クライエントの持つ対人関係パターンが、回を重ねるうちにカウンセラーとの関係において反復されることがあります。逆に言えば、クライエントとカウンセラーの関係を分析することが、クライエントが反復しているものを明らかにするのに役立ちます。

第4章

方針を立てる

カウンセリングの過程において、カウンセラーはクライエントについて情報を集め（現象の把握）、それを心理学的に理解し（見立て）、関わり方（方針）を工夫します。第3段階、つまり方針についてのワークに移りましょう。

　見立てが個別の情報に基づいて作られるように、方針は個別の見立てに基づいて立てられます。「クライエントが誰であれ、私（カウンセラー）が誰であれ、こうする」のではなく、「このクライエントはこういう人で、その人の心はこのように理解されるので、私はこのクライエントと一緒にこういうことをする」のです。方針に間違いが生じないようにするためには、「この特定のクライエントの心理支援において意味のあることは何か」「実行可能性はどれくらい高いか」といった検討を、可能な限り客観的データを集め、自らの主観を鍛え、根拠をもって進めていく必要があります（『Q&A』144）。

　方針には、「目標」と「方法」と「構造」の3つの要素があることを『遊Q＆A』102に書きました。ここでもう少し説明を加えましょう。

（a）目標

　「目標」は、何を目指すのかです。「症状を軽くする」「離婚について結論を出す」「自分自身を知って、これからの人生を生きやすくなるように」といったことが目標になります。これには最終目標だけでなく、「カウンセリング場面でも緊張が高いため、まずはクライエントがリラックスして自分のことを話せるようになることを目指す」というような当面の目標や中期的な目標もあります。

　「症状を軽くする」は最終目標でしょうか。そういうこともあるでしょう。しかし、症状が比較的早いうちに解消した後もカウンセリングが続けられることがあります。例えば、症状をきっかけに自分の抱える人生の課題が浮き彫りになり、今度はそれに取り組むことをカウンセリングの目標として再設定しなおす場合です。カウンセリングの経過においては目標自体が変化することがありえます（『Q&A』81）。

（b）方法

　目標が、「この人の場合、どうなったら終結になるのか」であるとすれば、「方法」は「この人の場合、その目標のためにどうすることが援助になるのか」ということです。方法には、精神分析的心理療法や認知行動療法といった学派レベルの「大技法」から、「パーソナリティ検査を実施する」「心に溜まった話を

ともかく出してもらう」「行動記録表を書いてきてもらう」「クライエントの好きな映画の話をする」といった作業レベルの「小技法」までの幅があります。

(c) 構造

「構造」、あるいは面接構造は、「この人の場合、どのような枠組みで作業を進めるか」です。カウンセリングを行う際の枠組みには、面接の頻度、曜日、開始時間、時間の長さ、場所、料金、誰が誰に会うのか、同一機関内他職との協働、他機関との連携といったことが含まれます。誰が誰に会うのかは、いつも一対一とは限りません。カウンセラー1人にクライエントが複数、一対一のペアが2組で並行、場合によってはクライエント1人にカウンセラーが複数という形式もありえます。

言い換えれば、この方針の3要素は、「何がどうなるように（目標）、どんな舞台の上で（構造）、何をどんなふうに行う（方法）か」とまとめることができます。その流れを図4-1にまとめてみました。順番については必ずしもこの通りでなければならないというわけではありません。

ステップ8：目標を定める
　　　　　最終目標、中期目標、当面の目標
　　　　　▼
ステップ9：方法を選択する
　　　　　大技法(学派レベル)、小技法(作業レベル)
　　　　　▼
ステップ10：構造を整える
　　　　　頻度、時間、場所、料金、誰が誰に会うのか、協働と連携

図4-1　方針の3要素と作業の流れ

次に、この3要素を区別するワークを行います。

方針の概念を分節化するワーク

〔事例17〕の記述のうち、方針に該当する部分に下線を引き、(a) 目標、(b) 方法、(c) 構造の区別を記してください。

〔事例17〕中学1年生の不登校女子K

Kは、急な引越と転校、その後の友人関係のもつれを経験し、それをきっかけに不登校になった。転校後の友人関係において、自分の意見を率直に表明することを危険と感じた節があるが、そもそも妹の世話をする母親との関係の中で自分を抑え、必要以上に人を気遣う態度を身につけてきたことも背景にありそうである。

家族の中で、また友人関係の中で、自分を抑えすぎることなく、自己を表現しても大丈夫と思えるようになることが目標となるだろう。そのために、まずはカウンセラーとの関係の中で自分を表現して受け止めてもらうことを体験し、自分を表現してもそれだけで人間関係は壊れないこと、たとえ不快に感じることがあっても修復可能であることを実感できるように支えていきたい。今は辛いことを「言葉ではうまく話せない」と言うが、音楽が好きでその話ならしたいとのことだったので、まずは好きな音楽の話を聞いて関係作りをしつつ、自己表現を促していく。

母子並行面接で、ともに隔週のカウンセリング。水曜日13時。子ども担当：○○、母親担当：△△。学校との連携については、現時点では母子ともに希望していない。

ワーク58の解答例

Kは、急な引越と転校、その後の友人関係のもつれを経験し、それをきっかけに不登校になった。転校後の友人関係において、自分の意見を率直に表明することを危険と感じた節があるが、そもそも妹の世話をする母親との関係の中で自分を抑え、必要以上に人を気遣う態度を身につけてきたことも背景にありそうである。

(a) 家族の中で、また友人関係の中で、自分を抑えすぎることなく、自己を表現しても大丈夫と思えるようになることが目標となるだろう。(a) そのために、まずはカウンセラーとの関係の中で自分を表現して受け止めてもらうことを体験し、自分を表現してもそれだけで人間関係は壊れないこと、たとえ不快に感じることがあっても修復可能であることを実感できるように支えていきたい。今は辛いことを「言葉ではうまく話せない」と言うが、音楽が好きでその話ならしたいとのことだったので、(b) まずは好きな音楽の話を聞いて関係作りをしつつ、自己表現を促していく。

　(c) 母子並行面接で、ともに隔週のカウンセリング。水曜日13時。子ども担当：○○、母親担当：△△。学校との連携については、現時点では母子ともに希望していない。

　(a) よりも前の部分は方針ではなく見立て、(a) のうち前半は最終目標、後半は当面の目標です。(b) の前には、好きな音楽の話を聞くという方法をとる判断の根拠が示されています。

　この後、各論に入ります。

　それでは、目標を定めることから始めましょう。この後、目標設定のワークが5つ続きます。

カウンセリングの目標設定のワーク①

　自分が担当している事例を1つ思い浮かべてください。そして、「この事例はどうなったら終結になりそうか」と考えてみてください。それがその事例のゴール＝目標です。

　自分が何をやっているのかよくわからなくなってきたとき、自分は何をしてゆけばよいのか目標を見失いかけているとき、このように「この人は何がどうなったらよいのだろう」「この事例は何がどうなったら終わりになるのだろう」と考えてみましょう（『遊Q&A』103）。もちろん、自分の人生をどうしてゆくかを決めるのはクライエントであって、カウンセラーではありません。カウンセラーの考える方向にクライエントを持っていこうとするのではありません。最終目標を選択する自由はクライエントにあります（『Q&A』31）。しかし、カウンセラーはカウンセラーで仮に考えてみます。

　どうなったら終わりになりそうか、書いてみてください。

ワーク 60

カウンセリングの目標設定のワーク②

　30代の女性が、夫の不倫が発覚したことで混乱して相談にやってきました。この場合のカウンセリングの目標は何でしょうか。可能性をいくつか挙げてください。

　この女性はどうしたいのでしょうか。それは尋ねてみないとわかりません。離婚したいと考えているのでしょうか。目標は離婚することだと最初から決まっているわけではありませんし、離婚しないようにすることだと決まっているわけでもありません。どうするかはクライエントが決めることです。まずは、クライエントの希望が尊重されるべきです。

　そもそもこの女性は夫に不倫のことを問い質したのでしょうか。だとすればどんな反応があったのでしょう。あるいは、問い質していないとすればどうしてでしょうか。

・不倫を問い質し、離婚したい
・不倫を問い質し、謝らせたうえで離婚したくない
・不倫を問い質さず、波風を立てずに自分の心の平安を取り戻したい。

他には？

　どうしたいのかと希望を尋ねても、混乱のさなかでは、自分でもどうしたらよいかわからないこともあります。「目標なんて言われてもわかりません……。何をどうするとかではなくて、ともかく話を聞いてほしいんです」という希望の人もいるでしょう。自分の人生が大きく変わっていくことに不安を覚えてい

第4章　方針を立てる

125

る人もいるでしょうから、結論を急ぐのではなく、心情に沿って話を聞いていく必要があります。そうしていくうちにやがて目標がはっきりしてきて、自分なりの結論を見出してゆくでしょう。その過程を援助するのがこの場合のカウンセラーの役割です。

カウンセリングの目標設定のワーク③

　月に150時間残業をさせられて疲弊している20代の男性が、「上司から『ストレスの発散が下手なのではないか。もっとしっかり発散するように』と言われた」と言って相談に来ました。この場合、セラピーの目標は何でしょうか。

　かぎカッコ内はこの男性の主訴と言えます。しかし、表2‐2（p.63）の主訴の分節化で言えば、「a）現在困っている事実」は語られていますが、自分はどうなりたいかという「c）願望」は語られていません。

　この場合、上司から言われたことに合わせて、〈ではもっと上手なストレス対処法を身につけましょう〉ということを目標にするとしたら、それはカウンセラーの態度と言えるでしょうか。確かに、ストレス対処法を身につけると楽になる面があるかもしれません。しかし、それをカウンセリングの目標とするだけでは、都合よく社員を働かせようとする会社の方針に順応させるだけではないかという疑問が湧きます。ストレス対処だけでなく、そもそものストレス源である労働条件、労働環境を改善しなくてよいのでしょうか。とはいえ、クライエント本人が「問題を大きくしたくはない。ストレス対処法だけわかればよい」と言う場合はどうでしょうか。

　目標設定のためには、クライエントはどうしたいのかという願望の把握、確認をしなければなりません。他方で、我慢して順応するだけでよいのかという疑問を伝え、話し合う必要があるでしょう。こう考えると、目標設定はカウンセラーの倫理にも関わることだということがわかると思います。

さて、クライエントが1つではなくさまざまな困難を同時に抱えている場合、目標をどこに置いたらいいのか戸惑うことがあります。どこまで目標を広げたらいいのでしょうか。逆にどこまで絞り込んだらよいのでしょうか。

カウンセリングの目標設定のワーク④

〔事例18〕

　クライエントは40代女性、Lさん。子どもが学校でトラブルを起こし、相手の子どもの親と揉めているとのことで相談に来られました。しかし話を聞いていくと、自分自身が現在めまいと片頭痛の症状を抱えており、夫との関係もうまくいかず、両親との間に解決されていない心理的葛藤があり、それらが複合的に絡んでいることがわかってきました。この場合、目標はどう設定したらよいでしょうか。

考えられる目標を挙げてみましょう。

・子どもが起こした揉め事の解決
・自身が抱える症状の消失・軽減
・夫との関係の改善
・両親との心理的葛藤の解消

　問題はこれをすべて目標にするのかどうかです。クライエントが望めばすべてということもありえます。あるいは、複合的に絡み合っているのであれば、どれか1つを何とかするというだけでは難しいかもしれません。すべてを少しずつ解いていったら、最後にすべてが一気に解けるというプロセスを辿る事例もあるでしょう。他方、いろいろな要素がたくさんありすぎてクライエントもどこから手を付けてよいかわからないという場合には、ともかく目標を絞り込むのも1つの方法です。

　ただし、絞り込みすぎと思える場合もあります。セラピストが1つに狭く絞

第4章　方針を立てる

って〈これが目標でいいですか？〉と尋ね、クライエントが「はい」と答えて「同意」したとすると、それが「合意された目標」になってしまう危険性もあります。「同意」というのは微妙なもので、例えばクライエントが「はい」を言わざるをえないような言い方をカウンセラーがして、クライエントが「はい」と言ったからといって、それをもって「同意」が得られたとは言えません。クライエントに否定する余地を与え、話し合う自由さを持って初めて「同意」と言えます。「否定」は明言だけでなく、首を振るとか顔をしかめるとか無言を貫くといった形もあります。

カウンセリングの目標設定のワーク⑤

〔事例18〕（続き）

　Lさんにカウンセリングの目標をどうしたいかと尋ねたところ、「私が子ども時代、親は2人とも私の気持ちをわかってくれなかった。夫との関係がうまくいかないのは、そうした両親との葛藤が尾を引いているように思うし、それが子どもの行動にも影を落としているように思うので、両親との葛藤の問題に取り組みたい」と言います。この場合、「両親との葛藤に取り組む」とは実際、何がどうなることを目指すのでしょうか。

「両親との葛藤の問題に取り組む」というとき、1つの方向性は、「現在の両親との関係改善を目標とする」ことです。そのためには、子ども時代に親にわかってもらえなかったことを、現在の親にわかってもらおうとすることになるでしょう。直接言えばわかってもらえることもあるでしょう。そんなに長い間苦しんでいたことに驚かれ、「すまなかった」と謝られることもあるかもしれません。しかし、いつもそううまくいくとは限りません。言ってもわかってもらえず、「何を今さら」と突き放されるかもしれませんし、そのときは一瞬わかってもらえても、その後またすぐに忘れられていて傷つくこともあるかもしれません。

　大人になってから親に対して過去の不満を言った瞬間、「あ、なんか（自分が

やりたいことと）ちょっと違うな」と思ったという人もいます。言っている相手は、当時の親ではなく、今の年老いた親だからかもしれません。

　現在の関係を改善するということではなく、「過去の関係の呪縛から解放されて、今の自分の生活がうまくいくことを目標とする」というのがもう1つの方向です。「私はこういう家族関係の中で大きくなった、その中で人に対する見方、関わり方が身についた。そのため、今もうまく人と関われず、苦しい思いをしている。今から両親との実際の関係を改善することは難しいが、自分が両親からどのような影響を受けたのかを知り、対人認知、対人行動のパターンを変えることで、今の人間関係が楽になるようにしたい」といったことになるでしょう。あるいは、親についての認知が変化し、過去の親との関係について別のストーリーが描けるようになることで、呪縛から解放されるかもしれません。現実問題、両親がすでに亡くなっている場合は、両親との実際の関係を改善することは無理な話ですので、後者の目標を選択するしかありません。

　続いて、見立てが変われば目標が変わることを理解するためのワークを2つ行います。

見立てによって目標が変わることを理解するワーク①

　クライエントは「人と一緒にいると居心地が悪い」という主訴で相談に来ました。「人と一緒に」と言っても、特定の場所なのか、特定の人なのか、誰とでもそうなのかによってその意味は変わってきそうです。それぞれの場合の目標を考えてください。

　3つの場合に分けて考えてみましょう。『遊Q＆A』のあとがきで述べた「場合分け」の発想です。

第4章　方針を立てる

・「特定の場所だと居心地が悪いが、他の場所では悪くない」場合

　居心地の悪さには環境要因と内的要因があります。この場合は環境の要因が大きそうですので、環境を変えるのが手っ取り早い方法です。その環境がよくなるように働きかけるのも1つでしょうし、それが難しいなら自分のほうがその環境を離れ、別の環境に移るのも1つです。とはいえ、事情が許さないこともあるでしょう。

・「他の人と一緒のときはそうでもないが、特定の人と一緒にいると居心地が悪い」場合

　その特定の人と距離を取るのが一番ですが、それが難しいなら付き合い方を工夫することになるでしょう。例えば、言いたいことが言えなくて居心地が悪いなら、上手な自己主張を学ぶことが目標になってくるかもしれません。あるいは、なぜその人と一緒だと居心地が悪いのかについて理解を深めることが、そこからの解放につながるかもしれません。例えば、その人といると自分のコンプレックスが刺激されるために居心地が悪くなるということがわかってきたならば、相手をどうするというよりも、自分のコンプレックスと向き合い、克服、もしくそのコンプレックスとの付き合い方を学ぶことが目標になるでしょう。

・「どこにいても、誰といても居心地が悪い」場合

　この場合は、場所を変えても仕方がありません。内的要因に取り組む必要があるでしょう。例えば、誰とも打ち解けられないということに苦しんでいる人がいます。話を聞いていくと、打ち解けられない理由は、例えば「自分のことを知られてしまう。特に、自分には何もないことがばれてしまう」という不安であるかもしれません。それならば、「知られても大丈夫という安心感を持てること」や「自分にもいいところがあると自信を持てること」が目標でしょうか。あるいは「人から何かを言われたときに、その場で言葉を返せない」ために打ち解けられないのであれば、「どう言葉を返すかというスキルを身につけること」が目標になるかもしれません。しかし、言葉を返そうにも、そもそも自分の心の中にある気持ちを言語化するのが難しいのであれば、「自分の気持ちを言葉でつかむこと」が目標になるかもしれません。あるいは、過去にいじめられ

た体験があって、そのために感情が動きづらくなっているのであれば、「自分の感情を自分で感じ取り、それを自由に表現できるようになること」が目標かもしれません。そのためには、カウンセリングの持つ安全感のなかで、いじめられていた当時の感情を出して受け止めてもらうという経験が必要になるかもしれません。これは目標というよりも方法の話ですが。

もう１つ同じ種類のワークをします。

見立てによって目標が変わることを理解するワーク②

クライエントは「自分の感情が怖い」と言います。自分の感情の何が怖いのでしょうか。見立てに応じて目標を考えてください。

「自分の感情が怖い」といっても次の３つの場合が考えられます。

①感情が出てしまうことが怖い（非意図的に）
②感情を出すことが怖い（意図的に）
③感情を抱いていること自体が怖い

①は、感情を出すことについて自己コントロールできるという感覚が乏しく、自分の意図を超えて感情が出てしまったときにうろたえることを恐れている場合です。実際に感情が出てしまって怪訝そうな顔をされたり、トラブルになって信用を失ったりで、後悔した経験があるのでしょうか。それとも実際にそうしたことがあったわけではないが、こんな感情を持っていることがばれたら恥ずかしい、大変なことになるかもしれないと恐れているのでしょうか。この場合の目標は、「上手に隠すこと」「出てしまったときにその場でうまく対処すること」「狼狽した自分の気持ちを収めること」でしょうか。
　②は、自分の意図を超えて感情が出てしまうことは恐れていないが、意図し

て感情を出すことが怖い場合です。例えば、感情を出したのにまじめに受け止めてもらえなかったとか、笑われたといった経験をすれば、感情を出すことが怖くなっても不思議はありません。そのために過剰にコントロールして出さないようにしている、出してはならないと思っていることもあるでしょう。この場合は、感情を出したらわかってもらえたという経験をして、「出しても大丈夫なときがあると思えるようになること」が目標でしょう。そしてまた、出し方にもよるので、「受け止めてもらいやすいような出し方を身につけること」が目標になるかもしれません。

　①と②の場合は、自分がそうした感情を持っていることに必ずしも違和感を持ってはいないでしょうが、③は自分がそうした感情を抱いていること自体が受け入れられない場合です。例えばある人は、「自分の中に邪悪なものがあれば人から嫌われる。嫌われれば独りぼっちになってしまう。だから、自分の中の邪悪な感情を認められない」と言います。ある人は、親の教えや、子どもの頃に親に連れられて通っていた宗教施設の教えに従って、自分の中に邪悪なものがあることに罪悪感を覚え、悪いことが起きないようにと強迫行為を繰り返します。自分の持っている邪悪な感情が自分の心から遠ざけられ、忘れ去られたかのように思えても、歩けなくなるといった運動障害となって表れたり、出来事の記憶までもが一緒に失われてしまったり、別の人格として登場してきたり、「霊的存在」として現れたりといった形で生活に支障をきたすこともあります。この場合の目標は、「たとえ一般に邪悪だと思われているような感情であっても、感情が湧くことは自然なことだ、それもまた自分の偽らざる感情だ、持っていてもいいのだと自分で受け入れられるようになること」でしょう。

　ある人は、「自分の中に黒い自分がいる」と語り、最後に「こうして話していても、先生から嫌な奴だと思われただろうなと思う」と言いました。「黒い自分」を自分で受け入れられるようになるためには、「黒い自分」を見せてもカウンセラーに受け入れられたという体験がまず必要でしょう。実際、カウンセラーはそうした話を聞いても「嫌な奴だ」と思うわけではありません。そしてそういう余裕をもってクライエントの話を受け入れるには、カウンセラー自身が「自分の中の黒い自分」を受け入れようとする姿勢を持つことが必要でしょう。

ステップ9：方法を選択する

　次に方針の第2要素である「方法」についてのワークをしましょう。カウンセリングには実にさまざまな方法があります。いくつか列挙してみます。

・話をひたすら聞いて共感を伝え返す
・物事の受け止め方や対処の仕方のパターンについて気づきが得られるように問いを挟んで修正する
・自己コントロール感が回復するように練習する
・心のなかで今起きていることを心理学的に説明する
・自己洞察を深めるために連想を自由に広げてもらう
・非言語的な技法を用いて自己表現をしてもらい、心の中にあるイメージが自律的に動き出すのを見守る
・自分のネガティブな面ばかりを見ずにポジティブな面にも目を向けてもらう
・心に溜まっている感情を言葉にしてカウンセリング場面で吐き出してもらう
・リラックスできる方法を身につけてもらう
・情報提供や助言をする

　ステップ9の課題は、「このクライエントにはどの方法を取るのがふさわしいのか」です。

目標に応じた方法選択のワーク

［事例18］（さらに続き）

　Lさんは、「両親との葛藤に取り組む」といっても、今の親に実際に何か言ってみようとは思っておらず、「自分がとらわれているものから解放されたい」と言います。過去について話すことは嫌がっていません。さらに話を聞いていくと、Lさんは、母親に共感を求めても得られなかったことで、

人に共感を求めないというスタイルを作ってきたことがわかってきました。「人に共感を求めたのに得られなかったらショックを受けるだろうし、そのショックに対処する自信がない。後悔して、きっと立ち直れなくなる。それなら最初から期待しないほうがよいと思うようになった」と言います。「自分がとらわれていることからの解放」はどうしたらできるでしょうか。可能性を挙げてみてください。

まずは自分なりの答えを書いてみてください。

　1つの考え方を示します。「自分がとらわれているもの」から解放されるためには、まず自分が何にとらわれているのかを探る必要があります。Lさんの場合、それは過去の母親に共感してもらえなくて辛かった経験を受けて身につけた「人に共感を求めないスタイル」であるようです。

　共感を求めるソーシャルスキルを身につけるだけで解消できればよいですが、母親との葛藤を引きずっている間はそれだけでは難しそうです。まずは過去の母娘関係についてカウンセリングの場で話してもらいましょう。そのうち「あのとき自分はこれをわかってほしくて、本当はこう言いたかったんだ」ということが明らかになってきて、それをカウンセラーに語ってみるかもしれません。

　そのとき、カウンセラーにとって大事なことは、過去の母親に共感してもらえなくて辛かったことへの共感を示すことです。それはLさんにとって新たな体験になるでしょう。人から共感されることはないと思い込んでいる人が、共感してもらう体験をするのですから。世の中に少なくとも1人、自分に共感してくれる人がいると認識することで、他の人から共感されることもあるかもしれないという「緩み」が生まれ、カウンセリング場面の外でも共感を求めてみようという動きにつながるでしょう。

　とはいえ、いつもそううまくいくとは限りません。日常場面で共感を求める

動きをしても、やはりだめだったという失望につながることもあるでしょう。あるいは、共感してくれると思っていたカウンセラーが部分的に共感し損ね、Lさんがカウンセラーに対して「この人もやっぱり同じだ」と怒りを覚えることもあるかもしれません。その怒りは、以前母親に向けられていた怒りがカウンセラーに向け変えられたものと考えることもできます。カウンセラーがその怒りの背後にある悲しみを感じ取ることで怒りの感情をほぐしていけば、そのぶんだけLさんのとらわれは減っていくのではないでしょうか。深く理解してくれる人がいると認識することで、今までのパターンに縛られたままでいなくてもよいと思えるようになることが期待されます。

〔事例15〕をもう一度取り上げます。

働きかける方法を検討する
（ワーク54の続き）

ワーク54では〔事例15〕について概念図を作成しました。この図を参考に、どの部分にどう働きかけることが支援につながる可能性があるかを考え、図の中に書き込んでみてください。

〔事例15〕再掲

40代後半の男性、Lさん。妻子に暴言・暴力をふるってしまうことが度々あり、妻から離婚を持ち出されているが、Lさんはやり直したいと考えている。話を聞くと、暴力は酒を飲んだときだけだという。しかし、酒を飲むと常に暴力をふるうのでもない。仕事上のストレスがあるときだとわかってきた。また、ストレスを感じたらすぐに酒に頼るというわけではない。自分のことを根性論者だと言い、ストレスを感じたとき、ストイックに自分1人で何とかしようとする。しかし、自分を追い込みすぎてかえって疲れてしまい、それがストレスになるのだという。

仕事上のストレスは、仕事量の多さと締め切りに追われることの2つだ

という。根性論で解決しようとするのは自分自身が父親からそのように言われて育てられ、やらないと殴られることもあったからではないかとわかってきた。一方、家族外でイライラをぶつけるのはよくないが、妻子にはぶつけてもよいという家族観を語る。また、特に趣味はなく、深酒以外のストレス発散方法は持っていないという。

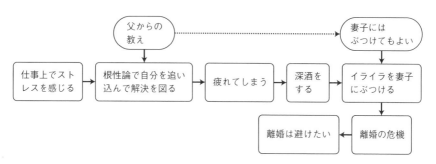

図3-4　事例15における仕事上のストレスから離婚の危機への流れ図（再掲）

　Iさんの希望は離婚を回避することです。回避できる可能性があるならば、妻とコミュニケーションをとる、よく話し合うことが必要でしょう。しかし、話し合うには条件がいります。それはおそらくIさん自身の態度変化でしょう。「イライラを妻子にぶつける」ことが離婚の危機を引き起こしているのであれば、ぶつけないようになる必要があります。しかし、ぶつける背景には「妻子にはぶつけてもよい」という認知（家族観）があるので、その認知を変化させる必要がありそうです。その認知の変容のためには、その認知がもたらした結果を考えてみるのも1つですし、その認知が原家族内での父の態度をモデルとして成立してきたとするならば、生い立ち、特に自分が父親を、また父母の関係をどのような思いをもって見ながら育ったかを振り返ることが必要になるかもしれません。

　「イライラを妻子にぶつける」のは、酒を飲んだときだけのようですから、飲酒をコントロールすることも必要でしょう。しかし、深酒をするのはストレスからきていますから、ストレスへの対処法として深酒以外の方法を見つけることも必要になるでしょう。

ストレス対処法だけでなく、ストレスそのものを軽減することはできないでしょうか。Iさんにとってのストレッサーは仕事、具体的には仕事量の多さと締め切りに追われることです。それに対してできることは、1つは仕事量を減らしてもらうこと、もう1つは業務量の多すぎない、また締め切りに追われない部署に配置転換してもらうことですが、申し出ても現実にそれが可能かどうかはわかりません。どちらも無理であるならば、その業務に対するIさん自身の取り組み方を変える方法もあります。締め切りが変えられないのであれば、裁量の範囲内でやりくりして、休憩をうまく挟むことも1つでしょう。しかし、休憩どころか、無理をするところがIさんの特徴です。根性論で解決しようとして結果的に疲れてしまうというのですから、それ以外の解決策を見つけることも必要でしょう。あるいは、根性論もまた父親から叩き込まれたものなので、ここでも父親との関係や父親への思いを振り返る必要が出てくるのではないでしょうか。

　以上をまとめると、次のようになるでしょう。①〜⑦の数字を図3‐4の適切なところに書き入れてみてください。

①妻とよく話し合う。
②仕事上のストレスが軽減するよう、上司に働きかける。
③仕事への取り組み方を変える。
④根性論で解決しようとするために疲れてしまうのだから、根性論以外の解決策を見つける。
⑤疲れてしまったときに、深酒以外の方法でストレスを解消する。
⑥妻子にはイライラをぶつけてもよいという認識（家族観）を変える。
⑦根性論や家族観の背景にある父との関わりや思いを整理する。

　ただし、これはあくまでもIさん側の話です。Iさんのカウンセリングを担当しているのですから、Iさんを援助するのは当然です。しかしこうした事例では、Iさんとの二者関係の中で目標を立ててそれに取り組んでいても、家族力動が変化していくと二者関係だけではすまなくなる場合があります。例えば、面接経過の中で妻が登場し、一対二で面接することがあるかもしれません。ある

いは、妻への暴力が続いているのだとしたら、離婚を回避するのが目的と言っているだけではすまず、現実対応を迫られることもあるでしょう。妻が家を出て離婚するために弁護士を立て、事態が急に法的な解決の側面を持つようになることもありえます。

このように、Ｉさんを支援する視点と、家族全体を見る視点を同時に持つことが求められます。実際に妻がやって来なくても、「もし自分が妻のカウンセリングをするとしたら」というように視点を移してみることは、この事例全体について理解を深めるのに役立つでしょう。そしてまたＩさんの視点に戻って、Ｉさんを支援するのです。

ワーク 68

クライエントに合った技法を選択するワーク

あるクライエントは「ともかく話を聞いてほしい」と言います。「話を聞く」といっても、「過去の話を聞いてほしい」と言う人もいれば、「過去の話よりも今とこれからの話がしたい」と言う人もいます。

あるクライエントは「話をするだけですか？」と尋ねてきます。話以外のことをするにしても、「絵を描くのが好き」と言う人もいれば、「絵は苦手だけど、文章を書くのはわりと得意」と言う人、「文章を書くのは苦手だけど、表に書き込んで整理するのは取り組みやすい」と言う人もいます。あるいは「体を動かすのが好き」と言う人もます。

また、あるクライエントは「自分を知るために検査を受けてみたい」と言います。「箱庭療法を受けたい」と言う人や「認知行動療法を受けたい」と言う人もいます。

クライエントからこのような要望を受けたとき、セラピーの方法を決める要因は何でしょうか。

方法を決める要因は大きく分けて２つあります。１つはセラピスト側の要因です。「私はＡ学派のセラピストなので、Ａ療法を行う。Ａ療法に合わないクラ

イエントは、他のふさわしいセラピストを紹介する」という考え方です。

　もう１つは、クライエント側の要因です。『Q & A』87に「心理療法は、クライエントにセラピーに対する意欲があり、クライエントとセラピストの相性がよく、セラピストがクライエントの心を温かく深く理解し、そのクライエントに合った技法を適切に用い、周囲の人からの理解や経済状況や時間的余裕といった社会的条件が整っているときに成功する」と書きました。では、「そのクライエントに合った技法」とは何でしょうか。方法はクライエントがどういう特徴を持った人かによって変わってきます。クライエントの特徴は次の３つにまとめられます。

表4-1　方法を決めるクライエント側の3要因

●「やりたい―やりたくない」（要望）

●「好き―嫌い」（関心）

●「得意―不得意」（能力）

それぞれの例を挙げましょう。

・**要望**：「ともかく話を聞いてほしい」「過去の話を聞いてほしい」「過去の話よりも今とこれからの話がしたい」「自分を知るために検査を受けてみたい」「箱庭療法を受けたい」「認知行動療法が受けたい」

・**関心**：「絵を描くのが好き」「体を動かすのが好き」「音楽が好き」「無意識も含めた自己の探求に関心がある」「空想するのが好き」

・**能力**：「話すのは得意」「話すのは苦手」「絵は苦手だけど、文章を書くのはわりと得意」「文章を書くのは苦手だけど、表に書き込んで整理するのは取り組みやすい」

　クライエントにすれば、自分に合ったやり方がみつかると、心の作業が前進していく感覚を持てるのではないでしょうか。クライエントのパーソナリティや要望を査定し、その中でカウンセラーができる方法を提示して、合意を得て進めるのが望ましい形です。

すでに相談歴のある人の場合、前のカウンセリングで受けたやり方が自分に
合っていたならまたそれをやりたいと思うのは自然なことでしょう。逆に前の
やり方は苦痛だった、あるいは自分にとって意味がなかったというならば、そ
れをわざわざやることはありません。前のやり方がどのようによかったか、嫌
だったかを尋ねてみるとよいでしょう。

　「○○療法を受けたい」という要望に関しては、直ちに受けてしまうのではな
く、その療法についてどのように知ったか、どの程度知っているかを尋ね、そ
れを用いることが適切であるかどうかを見立てに基づいてカウンセラーが判断
し、それを伝えて話し合うというプロセスが必要です。ただ要望に従うという
わけではありません（『Q & A』74）。

方針の３つ目、構造に移ります。方法と構造はクライエントの可能性を開くためのものです。では個々のカウンセリングの構造は、どのような要因の絡みで決まってくるのでしょうか。そのワークから始めましょう。

構造を決める要因に関するワーク

構造とは、具体的には「頻度、時間、場所、料金、誰が誰に会うのか、協働と連携の枠組み」からなります。これを決定する際にはどのような要因を考慮する必要があるでしょうか。

先ほども取り上げた『Q＆A』87の表現で言えば、クライエントの「セラピーに対する意欲」と「周囲の人からの理解や経済状況や時間的余裕といった社会的条件」が構造に関わります。しかし他にもあります。構造を決める際に考慮すべき要素を表4-2にまとめました。

こうしたことによって、頻度が増えたり減ったり、曜日や時間が固定されたり固定できなかったり、期間が限定されたりして、誰が誰に会うのかが決まってきます。例えば、「クライエントの要望」に関して言えば、カウンセラーは母子並行面接でと思っていたのに、母親が「私は受けなくていい」と言った場合はどうしたらよいでしょう（『遊Q＆A』60）。あるいは「相談機関内のスタッフの人的配置」については、スクールカウンセラーのように職場に心理職が１人しかおらず、１人で親と子のカウンセリングを行う場合、どのような構造で行ったらよいでしょうか（『遊Q＆A』59）。

クライエントのカウンセリングに対する意欲は、カウンセリングの頻度だけでなく、そもそもカウンセリングを継続するか否かに影響を与えます。構造を決めるために、カウンセリングへの意欲を査定するワークをしましょう。

表 4 - 2　構造を決める際に考慮すべき要因

1．クライエントの意欲

- カウンセリングに対するクライエントの意欲、要望

2．カウンセラーの見立て

- カウンセリングの適否
- 緊急度（入院の必要性、自殺の危険性など）

3．カウンセラーとの人間関係

- 年齢の組み合わせ
- 性別の組み合わせ
- 既知の人物
- 知人の紹介

4．クライエントの社会的条件

- 通うのに要する時間
- 可能な曜日時間帯（学校や習い事の都合、勤務のシフトなど）
- 経済状況
- 周囲の人からの理解（周囲の人のカウンセリングへの肯定的・否定的態度、子どもを預かってくれる人がいるか）

5．援助職側の条件

- 相談機関内のスタッフの人的配置と協働の可能性
- 他機関との連携、紹介の可能性（投薬、福祉サービスの情報提供、担任教師による家庭訪問、就職支援など）

カウンセリングへの意欲を査定する
ポイントを自覚するワーク

クライエントのカウンセリングに対する意欲はどういう点から窺い知れるか、その意欲を構成している要素は何かを考えてみてください。

カウンセリングに対するクライエントの意欲の構成要素を表 4 - 3 にまとめま

した。

表 4 - 3　カウンセリングに対するクライエントの意欲の査定項目

①来談の自発性
②困り感を持っているか
③申込時の逡巡
④継続への意志表明
⑤過去の相談歴におけるカウンセリングへの印象

少し解説を加えます。

①来談の自発性は、「自ら進んで」「切羽詰まって藁をもつかむ思いで」「そういう場所があると聞いてぜひ受けたいと思って」「言われるままに受け身で」「行かないと怒られるのでしぶしぶ」「紹介者の顔を立ててしぶしぶ」といった表現を取ります。

②困り感が高いほうが、意欲もそのぶん高くなると素朴には言えるでしょう。しかし、厳密に言えば困り感が高く、どうなりたいという願望が明確であっても、その解決にカウンセリングが役立つと思っているかどうか、カウンセリングに期待しているかどうかは別の話です。

③予約電話で申し込む場合であれば、申し込もうかどうか電話口で悩む人もいます。結局いったん保留にして、再度の電話で申し込む人もいます。

④継続への意志をクライエントに尋ねてみると、最初から継続するつもりで来た人、1回様子を見てから考えるつもりで来た人、助言がほしくて1回のみのつもりで来た人、セカンドオピニオンを求めて1回のみのつもりで来た人などがいます。

⑤過去の相談歴があり、カウンセリングを受けたことがある人には、そのときの印象を尋ねましょう。よい体験だったと語る人は今回も期待するでしょうし、嫌な体験だった人は、少し引き気味かもしれません。過去に医療機関で診察は受けていたが、カウンセリングは自ら希望しなかったという人もいます。そのときはカウンセリングにどのようなイメージを持っていたために受けなかったのでしょうか。逆に今回はどうして受けてみようと思ったのでしょうか。

さて、こうした意欲は表面に現れるものだけを見ていてはわからないという面があります。表面的には受け身であっても、しぶしぶ来た人であっても、内なるモチベーションを持っていることがあるからです（『Q & A』88）。自分からはなかなか援助を求める手を伸ばせないのでしょう。1回目に来たときに、このカウンセラーなら信用できそうだから続けてきてもいい、と内なるモチベーションを引き出せるかどうか、あるいはモチベーションを高められるかどうかが継続の決め手です。モチベーションは決して固定的なものではなく、変わりうるものです。

カウンセリングへの意欲を査定するワーク

　〔事例 4〕のDさんのカウンセリングを受けることに対する意欲に関わる部分に下線を引き、意欲がどの程度高いかを査定してください。

〔事例 4〕再掲

　Dさん、34歳男性。メーカー勤務。職場の人間関係でいろいろあって、2ヵ月前から休職中。クリニックに通っており、「不安障害と抑うつ状態」と診断され、薬が出ている。主治医からカウンセリングを受けることを勧められたが、そのクリニックではカウンセリングは受けられないので、自分でネットで探してここを見つけた。できるだけ早く受けたい。休職中なので曜日はいつでもよいが、時間帯は昼前がよい。

ワーク71の解答例

　Dさん、34歳男性。メーカー勤務。職場の人間関係でいろいろあって、2ヵ月前から休職中。クリニックに通っており、「不安障害と抑うつ状態」と診断され、薬が出ている。主治医からカウンセリングを受けることを勧められたが、そのクリニックではカウンセリングは受けられないので、自分でネットで探してここを見つけた。できるだけ早く受けたい。休職中なので曜日はいつでもよ

いが、時間帯は昼前がよい。

　「カウンセリングを受けることを勧められた」とありますが、Dさんはどのように勧められ、それを受けてどう思ったのか。そもそもカウンセリングをどのようなものだと思い、何を期待しているのでしょうか。「自分でネットで探してここを見つけた」というのですから自発性が感じられます。とはいえ、自分ではそれほど望んではいないが、主治医の顔を立てるために無理したというような場合もありうる話です。この後、「できるだけ早く受けたい」と言っていますから、受けたい気持ちがあるのは確かでしょう。しかし、早く受けたい理由はわかりません。休職の期限が迫ってきていて焦っているのでしょうか。これだけではまだ内発的なモチベーションなのかどうかまではわかりません。

　さて、カウンセリングではイレギュラーなことが起き、構造が揺れることがあります。その場合も何が起きているのかを判断し、冷静に対応しなければなりません。『Q&A』7章と『遊Q&A』7章では、カウンセリングの枠が揺れるときの対応について書きました。構造が揺れた場合の整え方に関するワークをしましょう。

構造の選択肢を挙げるワーク

　〔事例15〕（ワーク52・53・54・67）のIさんの5回目の面接に、予告なくIさんの妻が同伴しました。
　1）その日の面接をどのような構造で行うか（その日の方針）
　2）次回以降の面接をどのような構造で行うか（今後の方針）
についてさまざまな可能性を挙げてください。

1）その日の面接をどのような構造で行うか

　今回はどうして妻も来ることになったのか、どちらが言い出したのかを尋ねます。また、妻は単なる付き添いか、それとも面接にも同席したいのかを尋ね

ます。Ｉさん夫婦の希望を聞き、それに納得がいけば受け入れればいいですし、よりよい方法があると思えば提案すればよいでしょう。いずれにしても、同席の場合はＩさんの了承が必要です。同席する場合でも50分間すべてかどうかはわかりません。40分間同席し、最後の10分間はＩさんと一対一の時間を持つこともあるでしょうし、場合によっては、妻と一対一で話す時間を持つかもしれません。

２）次回以降の面接をどのような構造で行うか

　妻が来た目的は何でしょうか。「これからはずっと夫婦２人で同席して夫婦カウンセリングを受けたい」ということかもしれません。実際にそうなれば、それまでのＩさんとの面接のときとは目標が大なり小なり変化するでしょう。「夫がカウンセリングを受けていると聞いて、カウンセラーがどんな人なのか一度見に来たかった」というようなことであれば、次からはまた一対一に戻るかもしれません。その場合は、１回来てくれたチャンスを活かして、どのような考えで進めているかを妻に説明しておくのも１つの方法です。

　妻が「今後は私もカウンセリングを一対一で受けたい」という場合はどうでしょう。その理由を尋ねる必要があります。夫婦関係についての話でしょうか、それともそれ以外にも何か相談したいことがあるのでしょうか。その相談機関にカウンセラーが他にもいるなら、他のカウンセラーに担当してもらうのも１つです。自分１人の職場であれば、妻のカウンセリングも日時を別に設定して自分がするか、他機関を紹介することになります。

　ここまで、情報を集め、見立て、方針を定めるまでの作業を順を追って進めてきました。自分がカウンセラーとして何をしているか、多少説明できるようになってきたでしょうか。いったん**ワーク２**に戻ってみてください。ここまでの学習によって、あらすじ作成のワークは以前よりもやりやすくなったのではないでしょうか。

第5章

変化を査定する

カウンセリングは、目標に向けて何らかの意味において変化を引き出すものです。そのために見立てと方針を持って進むのですが、カウンセリングにおいて見立てと方針は仮説であり、カウンセリングは仮説修正過程であることを第1章で強調しておきました。ですから、その後の経過をよく見て、実際に変化が起きているか、どのような変化が起きているかを確かめながら進む必要があります。

　何も変化が起きていなければ、あるいは変化が期待できないようにクライエントが感じれば、それ以上の継続はないかもしれません。変化がなかなか生じないのであれば、カウンセラーは自分の見立てと方針を修正すべきなのかもしれないと謙虚に反省すべきです。また、説明責任の観点からも、実際に何がどう変化しているのかを説明できる必要があります。

　では、カウンセリングにおける変化とはどのようなものを指すのでしょうか。そしてその変化はどのようにして知ることができるのでしょうか。本章では変化の査定に取り組みます。

　そして、事例が終了（終結・中断・引き継ぎ・紹介）した際にも、最終的に何がどのように変化したのかを査定し、その作業結果を評価します。終わったからと言ってやりっぱなしにせず、「何ができたのか、何が残ったのか」「何がその変化をもたらしたのか」を振り返る必要があります（『Q&A』180,181）。

　情報を集め、見立てと方針を立て、変化を査定し、最終評価に至るまでの査定作業の流れは、図5-1のような12のステップからなる図で表されます。

第1段階：現象を記述する　ステップ1：情報を集める
　　　　　　　　　　　　　　　　▼
　　　　　　　　　　　　　ステップ2：曖昧な情報を明確化する
　　　　　　　　　　　　　　　　▼
　　　　　　　　　　　　　ステップ3：情報を整理する
　　　　　　　　　　　　　　　　▼
第2段階：見立てる　　　　ステップ4：状態像を査定する
　　　　　　　　　　　　　　　　▼
　　　　　　　　　　　　　ステップ5：人物像を査定する
　　　　　　　　　　　　　　　　▼
　　　　　　　　　　　　　ステップ6：心の動きを理解する
　　　　　　　　　　　　　　　　▼
　　　　　　　　　　　　　ステップ7：見立てをまとめる
　　　　　　　　　　　　　　　　▼
第3段階：方針を立てる　　ステップ8：目標を定める
　　　　　　　　　　　　　　　　▼
　　　　　　　　　　　　　ステップ9：方法を選択する
　　　　　　　　　　　　　　　　▼
　　　　　　　　　　　　　ステップ10：構造を整える
　　　　　　　　　　　　　　　　▼
第4段階：変化を査定する　ステップ11：途中経過において評価する
　　　　　　　　　　　　　　　　▼
　　　　　　　　　　　　　ステップ12：終結時に評価する

図5-1　　情報収集から最終評価に至る査定作業の流れ

ステップ11：途中経過において評価する

　途中経過における評価について考えましょう。ここまで、誰に何が起きていて（現象の把握）、それを心理学的にどう理解して（見立て）、どういう形で（構造・方法）、何をしようとしているか（目標）、を詳細に検討してきました。これは**ワーク2**で行ったあらすじそのものです。そしてこの後、現時点でどうなっているかを把握し（経過）、このまま進んでよいかを検証し、必要に応じて修正する（検証と修正）作業が続きます。表1-2に示したあらすじの3つの要素を更新しましょう。カウンセリングがある程度進んだ後のあらすじは、4と5を加えた5つの構成要素からなります（表5-1）。4と5が変化の査定です。

表5-1　途中経過におけるあらすじの5つの構成要素

1．誰に何が起きていて（現象の記述）
2．心理学的にどう理解して（見立て）
3．どういう形で（構造・方法）何をしようとしているか（目標）
4．現時点でどうなっているか（経過）
5．このまま進んでよいか（検証と修正）

変化の査定項目を把握するワーク

　カウンセリングにおける変化をとらえるにはどういうところを見ていけばよいのでしょうか。査定項目を挙げてください。

　カウンセリングにおける変化の査定項目には4種類あります。変化をつかむための情報となるのは、ここでも言語情報、観察情報、検査情報、第三者情報、そしてカウンセラーの主観情報（p.46）の5つです。4つの査定項目と5つの情報源の関係を表5-2にまとめました。

　査定項目の1つ目は、生活場面について報告された変化です。カウンセリン

グは、すべてではないにしても生活場面（面接場面の外）で何らかの支障が生じているところから始まりますから、それがどう改善されたかを確かめる必要があります。プレイセラピーを親子並行で行っているのであれば、親面接者から子どもの家庭や学校での状況を尋ねておき、セラピー場面での様子と照らし合わせて考えてみます。

2つ目は、面接場面で直接に観察される変化です。前回との違い、数回前との違い、インテーク時との違いを繊細にとらえる必要があります。**ワーク12**では何が観察情報になるかを挙げてもらいましたが、それはインテーク時にのみ把握することではありません。変化についても同様に見ていきます。

3つ目は、心理検査上の変化、つまり同じ検査を再度実施した場合に見られる変化です。これは実施している場合と、していない場合があるでしょう。数値が圏外まで下がったとか、描画に表現されたものが健康的になったというような変化です。

最後は、内的な変化です。カウンセリングでは、外的変化は内的変化が起きたがために生じたという見方を取ります。したがって、外的変化が生じた場合にどのような内的変化が見られたのかを推測し、カウンセリングを意味づける必要があります。A〜Cの変化にセラピストの主観情報を適宜加味しながら、内的変化を推察してみましょう。

表5-2　変化の査定項目

A. 生活場面について報告された変化

● 言語情報
● 第三者情報

B. 面接場面で観察された言動の変化

● 言語情報
● 観察情報

C. 心理検査上の変化

● 検査情報

D. 推察される内的変化

● A〜Cの変化に、カウンセラーの主観情報を適宜加味しながら推察

この後セラピーによるＡ〜Ｄの変化をより具体的に取り上げます。なお、これについては、『Ｑ＆Ａ』178、『遊Ｑ＆Ａ』183でも触れていますので参照してください。

生活場面の変化をとらえるワーク

カウンセリングの経過において「Ａ．生活場面について報告された変化」はどのような形で現れるでしょうか。

生活場面に関する変化は、例えば、症状の軽減、活動範囲や対人関係の広がり、内的感覚の変化などの形で現れます。変化に関する言語情報（クライエント本人の語り）の例を変化の前後でまとめてみます。

・「友達が１人もいなかった」 ・「人と会うと緊張するので極力会わないようにしていた」 ・「家に帰ると20分くらい手を洗っていた」 ・「人から『もう少し甘えてもいいのに』と言われるが、甘え方がよくわからない」 ・「気がついたときには怒りをぶちまけた後で、しばらくしてから後悔する」	・「友達が１人できた」 ・「人と会うとき以前ほど緊張しなくなった」 ・「何度も手を洗わなくても気にならなくなった」 ・「自信はなかったけど、勇気を出してちょっとだけ人に頼ってみたら、意外と受け入れてくれた」 ・「怒りを爆発させる前に、ワンクッション置けるようになってきた」

第三者情報についても例を挙げましょう。

・「まったく登校できない」

・「担任から、『落ち着きなく動き回って他の子から注意されると、その子に食ってかかることがある』と言われました」

・「部屋にこもってゲームばかりしています」

・「週に3日ほど別室登校をしている」

・「担任から、『最近は相変わらず立ち歩くことはあるけど、特に他の子とのトラブルもなく過ごしています』と言われました」

・「相変わらず外出はしませんが、居間には顔を出すようになって、テレビを見ながら以前のように他愛もない話が少しできるようになりました」

他にはどんな変化の例があるでしょうか。書いてみてください。

次は、面接場面での変化です。

ワーク 75

面接場面での変化をとらえるワーク①

カウンセリングの経過において「B. 面接場面で観察された言動の変化」はどのような形で現れるでしょうか。

まずは言語情報から例を挙げます。

- ・「自分はこれではだめだ、変わらなきゃ、と思う」
- ・「なんでそうするんだろうと、人のやることがいちいち気になる」

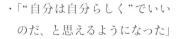

- ・「"自分は自分らしく"でいいのだ、と思えるようになった」
- ・「まあいいか、人それぞれだと思えるようになった」

続いて、観察情報の例です。

- ・溢れんばかりに話し、あちこちに話が飛ぶ
- ・面接に来るたびに泣いている
- ・髪が長く、いつもぼさぼさ

- ・プレイルームに入っても自分から玩具に手を出さない（出せない）
- ・靴を脱ぎっぱなし

- ・靴をきっちりとそろえて置く

- ・話に間ができ、中身もわかりやすくなってきた
- ・面接中に泣かなくなった
- ・髪を少し短く切って整えるようになった
- ・プレイルームに入るとすぐに玩具棚に走っていき、好きな玩具を手に取る
- ・靴をきっちりとそろえるようになった
- ・靴を脱ぎっぱなしでも平気になった

他には？

続いて、心理検査上の変化に移りましょう。

心理検査上の変化をとらえるワーク

カウンセリングの経過において「C. 心理検査上の変化」はどのような形で現れるでしょうか。

ここでは、SDS（うつ性自己評価尺度）と新版 TEG Ⅱ とバウムテストでバッテリーを組んだ例を挙げます。

・SDS で53点 ・TEG で AC が20点、FC が 4 点 ・バウムテストで描かれた木が、小さく画用紙の隅に書かれ、筆圧も弱く生気が感じられない

・SDS で39点 ・TEG で AC が16点、FC が 8 点 ・バウムテストで描かれた木が、以前よりも大きくなり、筆圧もやや強く、葉に瑞々しさが感じられる

心理検査にはさまざまなものがあります。他の検査では、どのような変化が考えられるでしょうか？

最後は、内的変化です。内的変化はクライエントの心の中の変化についてセラピスト側が推察したものです。

内的変化をとらえるワーク

カウンセリングの経過において「D．推測される内的変化」にはどのようなものがあるでしょうか。根拠を挙げながら変化を記述してみましょう

・あまりにも多くの困難が同時に存在して、どこから手を付けたらよいかわからず混乱していた

・自己の理想に照らして現実の自己を否定し、躍起になって変わろうとしていた

・SDSでは「中等度のうつ」であり、バウムテストからも、生きることへの前向きさが乏しいように感じられる。TEGからは、気を配り、人に合わせることにエネルギーを注ぎ、自分の好きなことを好きにやるという「遊び」の感覚が乏しいことが推察される

▶

・話に間ができ、中身もわかりやすくなってきたことから、心の中が整理され、1つ1つがいったん分離されたうえでつながりが見えてきている印象である

・最近の面接の中で「"自分は自分らしく"でいいのだ、と思えるようになった」という発言があったことから、ありのままの自分を受け入れられるようになってきている、と考えられる

・SDSの値はギリギリ「健常レベル」まで下がった。バウムテストの木に生命力が感じられるようになってきているのも、それと呼応している。ACが少し下がり、FCが少し上がったことから、「遊び心」が増え、よい意味で「自分本位に」と思えるように変化しつつあることがうかがえる

他には？

　内的変化については、それが外的変化とどのように結びついているのかについても検討しましょう。

　最後に、「生活場面における変化の有無」と「見立てと方針の修正の必要性」の関係について考えてみます。

ワーク 78 　生活場面での変化から 見立てと方針の妥当性を検討するワーク

　生活場面で変化が見られない場合、あるいは悪化している場合、見立てと方針は間違っているのでしょうか。好転していればそのまま進めばよいのでしょうか。

　第5章の最初に「変化がなかなか生じないのであれば、カウンセラーは自分の見立てと方針を修正すべきなのかもしれないと謙虚に反省すべきです」と書きました。このことは間違ってはいません。しかし、よい変化が生じなければ常に見立てと方針が間違っているかというと必ずしもそうではありません。実際はもう少し複雑です。

　生活場面において変化が見られない場合は、見立て・方針を再検討してみましょう。ただ話しているだけ、ただ遊んでいるだけになっていないでしょうか。カウンセリングをしているつもりでも、実際にカウンセリングとして成立しているかどうかは別の話です。ただし、水面下では内的変化が起きていても生活面で目に見える変化になっていないだけかもしれません。そう思える場合は、

そのまま進んでいけばよいことになります。目に見える変化は、内的変化がじわじわと進むのに並行してゆっくりと進むこともありますし、内的変化が十分に進んだ後で一気に進むということもありえます。

　生活場面において状態が悪化している場合も、見立て・方針を再検討し、修正すべきところはないかと考えてみましょう。とはいえ、心の奥にしまってあってこれまで見ないようにしてきたものをカウンセリングを通して見つめ直すことにより、一時的に悪化するように見えることはあります（『Q&A』50）。また、悪化はカウンセリングの要因だけで起きるわけではありません。環境がクライエントにとって厳しいほうに変化することもありますし、薬が合わなくて悪化することもありますから、すべてがカウンセリングの要因だけで決まるわけではありません。

　好転している場合は、それでよしとして同じ方針で進めばよいというのが素朴な理解ですが、症状の好転は薬のおかげかもしれませんし、うつが軽躁状態に移っていくときに活動性が上がったように見えることもあります。自殺することを決めた後、ある種のすっきり感から一見元気そうに見える場合もありますから注意を要します。

ステップ12：終結時に評価する

　最終段階にきました。すでに述べたように、事例が終了した場合、その評価をしなければなりません。事例の最終的なあらすじは次の要素で構成されます。

表5-3　終結時のあらすじの6つの構成要素

1．誰に何が起きていて（現象の記述）
2．心理学的にどう理解して（見立て）
3．どういう形で（構造・方法）何をしようとして（目標）
4．どういう経過を辿って（経過）
5．最終的にどうなったか（最終結果）
6．結局、何ができて、何が残ったのか（評価）

　「4．経過」から始めます。経過はダラダラと長く書くのではなく、大づかみにする視点を持ってコンパクトにまとめましょう。

事例の経過を複数の期に分けて
期のタイトルをつけるワーク①

　現在自分が担当している経過が長めの事例を1つ思い浮かべて、いくつかの期に分け、期ごとにタイトルをつけてみましょう。

　経過が長くなってきたときには、終結時だけでなく経過の途中でもこれをやってみると自分が何をやっているのかがつかみやすくなります。期を分けるには、「○回まではこうだったが、その次の回あたりからこう変わってきた」といった境目を見つける必要があります。境目はいつもそんなにはっきりしているとは限りません。区切り方を4通り示します。

①外的現実によって区切る

学校に通っているのであれば、学期ごと、学年ごとに区切るとか、カウンセリングに通いだしてから１年目、２年目で区切るといったことです。これは最も明瞭な形ですが、必ずしも心の変化を表しているとは限りません。

（例１）	（例２）	（例３）
１期：小３の３学期	１期：１年目	１期：入院前
２期：小４の１学期	２期：２年目	２期：入院中
３期：小４の２学期	３期：３年目	３期：退院後

②方法の変化によって区切る

最初の頃は言語面接をしていたが、ある時点から夢分析を中心に行うようになったとか、当初はソーシャルスキルに関していくらか助言的に関わっていたが、ある時点から内面探索型のセラピーに移行した、といったことが考えられます。

（例４）
１期：言語面接の時期（#１〜#６）
２期：おもに箱庭療法を行う（#７〜#16）
３期：再び言語面接中心に戻る（#17〜#24）

③目標の変化によって区切る

最初は子どものことで相談に来ていた人がある時点から自分自身の親との葛藤をおもに語るようになるなど、セラピーの目標が途中で変わった場合にそこで区切るやり方です。

（例５）
１期：復職を目指す（#１〜#11）
２期：復職を断念し、転職を目指す（#12〜#23）
３期：転職を果たし、適応できるまで（#24〜#27）

④内的変化によって区切る

外的な区切りもないのに、「ここで区切ることができそうだ」と思うのであれば、カウンセラー自身の心がクライエントの内的変化を感じ取っていると考えられます。「私はどうしてここまでを1つの単位にしたのだろう」と考えてみると、その期のタイトルが浮かび上がってくるのではないでしょうか。内的変化によって期を分け、タイトルをつけた例を挙げます。

（例6）

1期：事実ばかりで気持ちについてはまったく語れなかった時期

2期：日記を書くようになり書き言葉で気持ちを出せるようになった時期

3期：話し言葉で涙ながらに気持ちを出せるようになってきた時期

では、これらの参考に自分の担当事例について期に分けてタイトルをつけてみましょう。

1期：＿＿＿＿＿＿＿＿＿＿＿＿＿＿＿＿＿＿＿＿＿＿　（#　　〜#　　）

2期：＿＿＿＿＿＿＿＿＿＿＿＿＿＿＿＿＿＿＿＿＿＿　（#　　〜#　　）

3期：＿＿＿＿＿＿＿＿＿＿＿＿＿＿＿＿＿＿＿＿＿＿　（#　　〜#　　）

4期：＿＿＿＿＿＿＿＿＿＿＿＿＿＿＿＿＿＿＿＿＿＿　（#　　〜#　　）

⋮

同じことを〔事例12〕を使ってやってみましょう。

> **ワーク 80**
>
> # 事例の経過を複数の期に分けて 期のタイトルをつけるワーク②
>
> 〔事例12〕の追加情報をもとに、経過をいくつかの期に分け、期ごとにタイトルをつけてください。

〔事例12〕（後半追加）

　Gさん、56歳男性。妻と2人暮らし。2人の子どもは独立して別居。昨年役職定年とともに、早期退職（定年は60歳）。退職後は趣味のカメラを持ってあちこち出かけ、最初のうちは楽しかったが、数ヵ月してすべてのことにやる気がなくなり、家にこもりがちとなる。近所の物音が気になり、朝早く出かけていく近所の車のエンジン音が聞こえるとイライラする。玄関先に出て車を睨んだこともある。妻の勧めで心療内科を受診、うつ病と診断される。昼間何もせずにゴロゴロしていると、妻に邪魔者扱いされていないかと気になる。

　大卒後の入社以来、一貫して総務の仕事をしてきた。自分の性格を「まじめ」と言い、「周囲からも信頼を得ていたと思う」と語る。語り口は柔らかく、ニコニコしながら、カウンセラーを気遣って話しているように感じられる。時折、椅子に深く腰掛け、目を閉じて沈黙するときがある。

　最初の頃はクライエントの求めに応じて、近所の物音に自分から聞き耳を立てるのではなく、奥の部屋に入って好きな音楽をかけて過ごすなどの対処法を一緒に工夫した。そうしている間は気が紛れるが、車の振動が伝わってくるとやはり気になるという。そんなときは、仏壇に向かってしばらく座っていると落ち着くというので、その方法を肯定する。

　仏壇の話を聞いていくと、話は思わぬ方向に進んだ。大学卒業後、遠い地方に就職し、その後、実家のある故郷に一度も帰っていないという。事情を尋ね、原家族との関係、葛藤の歴史を聞いていった（その詳細は省略する）。やがて、「そのうち帰ってみたい」という気持ちが湧いてきたが、不安も語るため、カウンセラーは本人の決意を支えた。しばらくして実家に帰ってみたことが報告された。実家を継いでいる長兄家族は「何しに来た」などと言わずに受け入れてくれた。「遠いので、死ぬまでにまた行くかどうかはわからないが、一度行けてよかった」という。〈近所のこと、実家のこと、"気になることがある"つながりでしたね〉「自分の中でずっと気になっていたんですね。」

　その3回後のセッションで、「近所の物音が気にならなくなった」と言い、カウンセリングは終結した。

期に分けて、期ごとにタイトルをつけてみてください。

1 期：＿＿＿＿＿＿＿＿＿＿＿＿＿＿＿＿＿＿＿＿＿＿＿＿

2 期：＿＿＿＿＿＿＿＿＿＿＿＿＿＿＿＿＿＿＿＿＿＿＿＿

3 期：＿＿＿＿＿＿＿＿＿＿＿＿＿＿＿＿＿＿＿＿＿＿＿＿

4 期：＿＿＿＿＿＿＿＿＿＿＿＿＿＿＿＿＿＿＿＿＿＿＿＿

解答例ですが、私は 4 期に分け、次のような期のタイトルをつけてみました。

1 期：「対処行動を検討した時期」

2 期：「原家族との葛藤を掘り下げた時期」

3 期：「実家に帰省する決意を支えた時期」

4 期：「全体を意味づけた時期」

「5．最終結果」に移りましょう。どのような経緯で最終的にどうなったのかがはっきりしなければ、「6．評価」ができません。また、そのクライエントがいずれ同じ相談機関に再来することがありえますが、その際、以前と担当者が同じであれ別であれ、記録に前回の終わり方が明記されていないと、経緯がわからず困ることになるでしょう。そこで、まずは終わり方について丁寧に記述するワークを 3 つ行います。

ワーク
81

カウンセリングの最終結果を
記述するワーク

　終了した事例を 1 つ思い浮かべて、どのような経緯で、どのような形で終わりになったのかを短くまとめて書いてください。

いくつか例を挙げます。

・「症状は軽快し、主治医から服薬はもう必要ないと言われた。カウンセリングでも思考が以前より柔軟になったということを話し合い、終結となった」

・「症状が軽快した後ももう少し話したいこともあるとのことだったが、仕事が

忙しいとのことで終結となった」

・「大学への進学を機に終了となった。その大学には学生相談室や障害学生支援室があるようなので、その情報を2人で確認し、必要があれば行くように伝えた」

・「夫の転勤に伴って遠県に引っ越すことになり、通えなくなるとのことで終結とした。クライエントから、引っ越し先でカウンセリングを継続したいとの希望があったため、通えそうな範囲にある大学院付属の相談機関のリストと、宛先を特定しない形での紹介状を最終回に手渡した」

・「もともと療育を受けるために子どもに検査を受けさせることを目的に3回の予定で来談された事例であり、検査結果を受けて予定通り市の療育施設に申し込むとのことで、当相談センターでのカウンセリングの継続は希望されなかった。療育施設で母親面接が受けられるかわからないとのことだったので、もし必要があればこちらに改めて申し込むようにと伝えておいた」

・「次回の予約をしたが、当日は無断キャンセル。4週間後に手紙を出してみたが連絡なく、中断と判断した」

では、自分の担当例について書いてみてください。

ワーク
82

インテークのみで終了になった場合の
記述のワーク

インテーク後に継続にならなかった事例を1つ思い浮かべ、「カウンセリングの継続は希望されなかった」ことを理由も含めて書いてみてください。

カウンセリングはインテークだけ終わることもあります。クライエントが納

得して終わった場合、満足できなかったので継続しなかった場合、もともと1回のつもりで来た場合などがあります。1回で終わった経緯を丁寧に書いておきましょう。1つ例を挙げます。

・「自分に何が起きているのかわからなかったので受けに来たが、カウンセラーの説明を聞いて納得がいったので、自分でやってみたいとの発言があり、カウンセリングの継続は希望されなかった」

　継続が保留になった場合も、終わり方や今後の見通し、継続した場合の方針について触れておくとよいでしょう。これも例を挙げます。

・「一度スクールカウンセラーにも相談してみるということだったので、その後こちらで継続するか否かを判断して改めて電話連絡をしてもらうことになった」
・「『継続するかどうかは家族に相談してから決めたい、またこちらから連絡します』とのことで、次回の予約を入れることなく終わった。継続への意欲はそれほど高くないように感じられた」
・「仕事のシフトが月末にならないとわからないとのことで、それがわかり次第、クライエントから電話して予約を入れてもらうことになった。継続した場合は、これこれのことをしてゆくことになるだろう」

ワーク 83

同一機関内で引き継ぎをする場合の 終わり方を記述するワーク

　担当者が退職するため、同一機関内で別のカウンセラーに引き継ぐことになりました。事例の引継報告書には、引き継ぎの経緯について「退職を伝えたところ、引き継ぎを希望するとのことだった」とだけ書かれていました。経緯を記すために他にどのようなことを書く必要があるかを列挙してください。

担当者の交代には、担当者側の都合による場合だけでなく、担当者を変えて
ほしいとのクライエントからの要望による場合もありますが、ここでは前者を
取り上げます。

　書く必要のあることは、以下の6つの要素に集約されるでしょう。

①担当者交代の理由

・退職

・他機関への異動

②退職（他機関への異動）を伝えたときのクライエントの反応

・ショックを受けている様子だった

・反応はあっさりしていた

・怒り出した

・「仕方ないですね」と言い、諦めの表情を浮かべた

③同一機関内の別担当者への引き継ぎ希望の有無とその理由

・「まだ不安なのでお願いします」と即答した

・「家に帰って考えたい」とのことだった

・「じゃあもうやめます」と即答した

・「解決まではまだ遠いので、続けたい」と語った

・「ともかく話を聞いてくれる場所があるのは助かるので」と引き継ぎを希望さ
　れた

・「最初にお話ししていた症状はずいぶんと軽くなったので、一度自分でやって
　みたい」という理由で引き継ぎを希望されなかった

④（引き継ぎを希望する場合）後任担当者についての要望

・「これまでどおり女性がよい」と答えた

・「ここらで男性に受けるのもよいかもしれない」と変更を希望した

・「子育て経験のある人がいい」と語った

・「なるべく同世代の人がいい」と語った

⑤（引き継ぐ場合）後任担当者との顔合わせの有無とその際の構造

・最終回の冒頭に顔合わせを行った

・急に異動が決まったため、三者の都合が合わず、顔合わせはできなかった

⑥（引き継ぐ場合）顔合わせの際のクライエントの反応

・最終回の面接の冒頭に後任者と顔合わせをした後でクライエントと2人で話したところ、後任者について「優しそうな人で安心した」と語った

・不安げな表情を浮かべていたので、〈新たな関係を築くのも今のあなたにとっては意味のあることだと思う〉と伝えた

　なお、引き継ぎの仕方については、『Q&A』187～195を参照してください。

　あらすじの最後は、「6．評価」です。ここでいう評価というのは、うまくいった／いかなかったというセラピストに対する評価という意味ではなく、「クライエントにとって何ができたのか」ということです。終結時にも、**ワーク74～77**と同様に表5-2（p.151）のA～Dの変化を押さえましょう。そのうえで、最終結果として「何ができて、何が残ったのか」を明らかにする必要があります（『Q＆A』180）。カウンセリングを通して何ができたのでしょうか。それは専門家として果たすべき説明責任です。

　とはいえ、生じた変化がすべてカウンセリングによって生じたものだと言えるわけではありません。その変化にカウンセリングが貢献できた部分があるとすれば何でしょうか。また、変化を生じさせた他の要因は何でしょうか。

　評価するのは、「できたこと」だけではありません。中断した事例では当然ですが、終結した事例でも「残ったこと」はあります。何が残ったのかを明らかにし、残ったことについては今後どのようにしたらよいのかについて検討が必要です。あるいは、それについてクライエント自身と話し合い、残された課題に自分でどのように取り組んだらよいか、再びどこかで相談したいときにはどうしたらよいかを伝えておくとよいでしょう。

　終了時の評価の査定項目を表5-4にまとめました。また、その変化を書き込んでまとめるための「カウンセリング終了時の評価シート」を作成してみましたので、適宜活用してください（pp.174～175）。

表 5 - 4 　終了時の評価のための査定項目

A. 生活場面について報告された変化

B. 面接場面で観察された言動の変化

C. 心理検査上の変化

D. 推察される内的変化

E. 変化を生じさせたと考えられるカウンセリングの要因

F. 変化を生じさせたと考えられるその他の要因

G. 残ったこととその対応

Fの査定項目についてワークをしましょう。

ワーク
84

変化を生じさせたと考えられる
その他の要因に関するワーク

クライエントに変化を生じさせたと考えられるその他の（カウンセリング以外の）要因にはどのようなものがあるでしょうか。例を挙げてみてください。

「F. 変化を生じさせたと考えられるその他の要因」には、環境の変化、節目となる出来事、偶発的出来事などがあります。具体例を挙げましょう。

・いじめっ子が転校した

・パワハラ気味の上司が異動になった

・大学時代の友人が話を聞いてくれた

・実母に悩みを言えずにいたが、思い切って言ってみたら意外と親身になって相談に乗ってくれた

・父親が単身赴任を終えて戻ってきたら、母親に余裕がでてきた

・薬が効いた

・福祉サービスが受けられるようになって生活が少し楽になった

次に、終了した事例のあらすじを読んでカウンセリングを評価するワークを

３つやりましょう。

終了した事例のあらすじを読んで 評価するワーク①

〔事例19〕のあらすじを読んで、表5-4のE、F、Gに該当する箇所を挙げ、評価シート（p.175）の空欄に書き入れてください。

〔事例19〕

クライエントは20代後半の男性、Mさん。「職場での人間関係において気を遣い、疲れてしまう。特に年上の女性との関係が難しい」との主訴で来談した。実際、他人の気持ちに過敏で、人の顔色を窺う性格であると思われ、カウンセラーに対しても同様のふるまいを見せた。そこでカウンセラーは、クライエントがカウンセラーの意向を窺おうとするとき、クライエントの意思を尊重する態度で臨み、時にそのことをクライエントに明言して関わり続けた。クライエントは最初のうちはそれに対して戸惑いを見せることもあったが、徐々に自分の意思をカウンセラーに気兼ねなく表明できるようになってきた。しばらくすると、日常場面でも以前より自分の思ったことを言いやすくなってきたと言う。その頃仕事が忙しくなったことで「面接を終わりにしたい」との申し出があった。

クライエントの意思を尊重する関わりをすることで、顔色を窺う傾向が減り、人と関わりやすくなったことはカウンセリングの成果であると思う。他方、人の顔色を窺うようになった背景には子ども時代の母親との関係がほのめかされていたが、そのことはわずかしか話題に取り上げられなかった。母親との関係に向き合うことについてはどうするか話し合ったところ、「今はそのことは置いておいて仕事に専念したい。いずれ機会がきたらそのときに考えたい」との明確な意思の表明があったので、これについてもクライエントの意思を尊重して終結とした。

ワーク85の解答例

E. 変化を生じさせたと考えられるカウンセリングの要因

> クライエントの意思を尊重する関わりをすることで、顔色を窺う傾向が減り、人と関わりやすくなったこと

F. 変化を生じさせたと考えられるその他の要因

> ここには特に書かれていない。

G. 残ったこととその対応

> 子ども時代の母親との関係に向き合うこと。その課題が残っていることを話し合ったうえで、今回はこれで終結したいという本人の意思を尊重した。

ワーク
86

終了した事例のあらすじを読んで
評価するワーク②

〔事例20〕のあらすじを読んで、表5-4のE、F、Gに該当する箇所を挙げ、評価シート（p.175）の空欄に書き入れてください。

〔事例20〕

クライエントは50歳の女性、Nさん。大学生の一人息子が2年生の終わりに自殺したことで情緒的に不安定となり、心療内科クリニックに通院を開始。主治医より、カウンセリングを受けたほうがよいと言われて来談した。「抑うつ状態」の診断で、投薬を受けていた。カウンセリングでは、ともかく話を聞いてほしいとのことだった。当初は面接中、息子の気持ちに気づいて止めてあげられなかった自分を責めて泣いていることが多かった。カウンセラーはともかく傾聴し、気持ちに寄り添って話を聞いていった。一時期は息子の写真を持参し、それをもとに話をした。そうしたことが少しずつ気持ちの整理につながっていったのだろう。服薬は最初の1年ほど

で終了した。その後も、折々の気持ちを話せる場所があると助かるとのことで、月に1回にペースを落としてカウンセリングを継続した。一度、夫がNさんの了解を得て来談したことがあった。夫は夫で辛いのだろうが、妻のことを思いやり、妻に対する対応がこれでよいのかどうかを確認しに来たようであった。

　自殺から2年が経ち、同学年の人たちが大学を卒業したが、息子の高校時代の2人の友人がNさん宛に手紙を送ってくれたことがとても心に沁みたと語った。それを受け、パートで働こうと決意し、週4日の勤務が決まったことを機に、カウンセリングも終了することになった。今後も折に触れて息子のことを思い出し、情緒が揺れることもあるだろうが、以前のような不安定な状態に陥ることなく、自分ひとりで、また夫婦間で受け止めることができるまでになっていると考えられる。いつかまた話したいことが出てきたら来てもよいかとの言葉があったので、それを保証して終結した。

ワーク86の解答例

E. 変化を生じさせたと考えられるカウンセリングの要因

・ともかく気持ちに寄り添って話を聞いたこと
・写真を媒介に思い出を語ってもらったこと

F. 変化を生じさせたと考えられるその他の要因

・1年間の薬物療法
・夫が支えになっていること
・息子の高校時代の友人2人からの手紙

G. 残ったこととその対応

・症状はなくなっても、喪の作業は終わることはない。思い出して悲しくなることはあるだろうし、一人息子が亡くなったことで、夫婦の今後の人生設計も大きく変わっただろう。ただ、それを2人で乗り越えていくだけの力は感じられる。

終了した事例のあらすじを読んで
評価するワーク③

〔事例21〕のあらすじを読んで、表5 - 4のD～Gに該当する箇所を挙げ、評価シート（p.174～175）の空欄に書き入れてください。

〔事例21〕

クライエントはインテーク時41歳の女性、Oさん。長男（一人っ子）が就学したが、教室で暴言を吐いたり椅子を蹴ったりして、他児や教員と何かとトラブルを起こしていると学校から聞き、対応に苦慮して4年前に相談に来られた。長男のプレイセラピーと並行して、母親面接を継続。Oさんはかなり戸惑っているようであったので、不安に耳を傾け、その時々に適切な関わりが余裕をもってできるようになることを目標とした。経過の中で長男に発達障害の疑いが出てきて小学2年生で受診したところ、発達障害のグレーゾーンと言われたが、その後も診断はついていない。

当初Oさんはトラブルが起きるたびにその対処に追われ、長男のできないところばかりが気になり、不安が高かったが、1つのエピソードを多角的に検討することを通して徐々に肯定的な面にも目を向けられるようになってきた。小学5年生になり、長男自身が成長したこと、担任が落ち着いた指導力のある先生であること、周りの子が長男への扱いに慣れてきたこともあってストレス対処がうまくいくようになったのか、トラブルはかなり減ってきた。Oさんとしても子どもへの言葉掛けについては以前よりもコツをつかんできた様子である。Oさんから「問題がすべて解決したわけではないが、このあたりで一段落だと思う」との発言があり、次の回に長男、子ども担当者も交えて4人で話し合う時間を設けたところ、長男もまた「一度1人でやってみたい」と語った。

1年後に控えた中学進学では新たな人間関係の構築、難しくなる教科学習、また思春期の課題もあり、新たな問題が顕在化してくることも考えられるが、現在は小康状態であり、親子の希望を受け入れて小学5年生の3

月末でいったん終結とすることとなった。その後の3回の面接で、Oさんが何か事が起きても落ち着いて対応できるようになってきたことを確認し、もし中学進学後に何らかの問題が発生したときは、再びカウンセリングを受けることを思い出してほしいと伝えて終わりとなった。

ワーク87の解答例

D. 推察される内的変化

かなり戸惑っているようであった		・Oさんとしても子どもへの言葉掛けについては以前よりもコツをつかんできた様子 ・何か事が起きても落ち着いて対応できるようになってきた

E. 変化を生じさせたと考えられるカウンセリングの要因

・1つのエピソードを多角的に検討することを通して、徐々に肯定的な面にも目を向けられるようになってきた

F. 変化を生じさせたと考えられるその他の要因

・長男自身が成長した
・担任が落ち着いた指導力のある先生になった
・周りの子が長男への扱いに慣れてきた

G. 残ったこととその対応

・中学進学後、新たな人間関係の構築、難しくなる教科学習、また思春期の課題など、何らかの問題が発生したときは、再びカウンセリングを受けることを思い出してほしいと伝えた

　これで12のステップはすべて終了です。事例の一連の流れをコンパクトにまとめるには、枝葉を刈り取ってスパッと言い切る大胆さと、心のひだを感じ取って言葉にする繊細さの両方が必要であることを改めて感じました。

カウンセリング終了時の評価シート

A. 生活場面について報告された変化

インテーク時   終了時

B. 面接場面で観察された言動の変化

インテーク時   終了時

C. 心理検査上の変化

インテーク時   終了時

D. 推察される内的変化

インテーク時   終了時

E. 変化を生じさせたと考えられるカウンセリングの要因

F. 変化を生じさせたと考えられるその他の要因

G. 残ったこととその対応

事例検討

1つの事例を取り上げ、ここまで学んできたことを受けて、得られた情報から見立てと方針を立てる作業をします。図示しながら少しずつ作り上げていきましょう。

〔事例22〕

1）初回面接前の情報

20代後半の女性、Pさんからカウンセリングの電話申込がありました。受付が聞き取った相談内容は次のようなものでした。

「休職中。職場の雰囲気が殺伐としていて、特に上司との関係がうまくいかない。うつであまり眠れず、腹痛もあって心療内科クリニックで投薬を受けている。」

ここには状態像として①②が、対人関係の要因として③があります。

①就労状況：休職中
②症状：抑うつ気分、不眠、腹痛
③職場の人間関係：殺伐としている。上司とうまくいかない。

この3つの要素を図示してみると、次のような関係にあると考えられます。

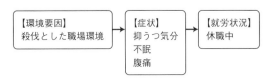

図6-1　〔事例22〕の概念図（1）

2）休職の経緯・感情

初回面接の最初に休職の経緯を尋ねました。まとめると、「4年制大学卒業で、今の職場に就職。職場の雰囲気が殺伐としているのは、互いに助け合う雰囲気がなく、周囲からの言葉がきつく感じられる。そのため『居心地が悪い』と感じている。特に、半年前に異動になってきた課長（男性）が大声で叱責す

る人で、それを聞くたびに怖いと感じる（自分が怒鳴られるわけではない）。それ以来、仕事に身が入らず、家でも気分転換ができず、なかなか寝付けない。また、出勤前や通勤途中で腹痛が起き、途中下車したこともある」とのこと。

電話申込時に「上司との関係がうまくいっていない」と言っていた上司というのは、この課長のことでした。ここから、職場の雰囲気に対する「居心地の悪さ」と「恐怖」という2つの感情が症状の間にあると考えられます。このことを図に書き足してみます。

図6-2 〔事例22〕の概念図（2）

3）ストレス対処と社会的サポート

続いて、これまでPさんなりにどのような対処をしてきたのか、ストレス対処の方法について尋ねてみますが、これといった趣味もなく、気晴らしとしてはふらりとコンビニに出かける程度だと言います。出勤していたときも休みの日は1人でゲームをして過ごすことが多く、時間を消費している感じだったとのこと。あまり積極的に対処している様子は窺えません。

そこで、職場でサポートがどの程度得られるかを尋ねてみました。居心地が悪いというくらいですからあまり期待はできないかもしれませんが、頼りになる人が1人でもいるのといないのとでは違います。Pさんの答えは、「皆が冷たいというわけでも、いじめられているわけでもない。1人のほうが気楽と思い、頼るべきときも自分から働きかけることはない」でした。

家族からのサポートはどうでしょう。未婚で1人暮らし。親とはそれほど交流はなく、母親から時折電話があるが、「心配するばかりで頼りにはならない」と言います。

ストレス対処のスキルは特に積極的なものを持ち合わせず、受け身的でやや逃避的、社会的サポートも職場、家族とも頼りにできないし、あまり頼ろうともしていない姿が浮き彫りになりました。ストレス対処も社会的サポートも、症状化

を抑制する方向に機能していないようです。これを図に書き入れてみましょう。

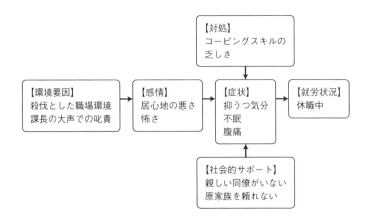

図6-3　〔事例22〕の概念図（3）

4）パーソナリティ

　居心地の悪い環境の中で、上司の大声での叱責を聞けば、それを怖いと感じるのはある程度自然なこととも言えます。上司のパワハラの可能性を考える必要もあるでしょう。他方、同じ職場環境にあっても、他の人は休職には至っていません。他の人はどうしているのか尋ねてみると、課長のことについて他の人と直接話したことはないので確かにはわからないが、おそらく他の人は受け流すのが上手なのだろうと答えました。〈Pさんは受け流せない？〉と尋ねてみると、以前から（時期は不明）年上男性に対して萎縮するところがあること、また中高時代から人付き合い全般を苦手と感じていたことが語られました。

　Pさんの場合は、パーソナリティ要因、特に社交性や対人認知といった要因が、環境（出来事）への認知に影響を与え、それが感情を強めているということが言えるでしょう。また、同僚などを頼れない背景には、人付き合いの苦手さが関連しているのかもしれません。パーソナリティ要因を図に書き入れましょう。

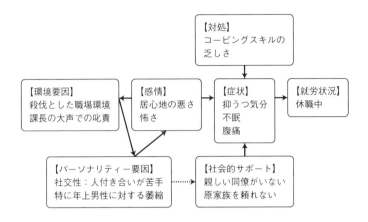

図 6-4 〔事例22〕の概念図（4）

5）パーソナリティ形成

「特に年上男性に対して委縮する」とはどういうことでしょう。〈特に年上男性と言っておられましたが、どうしてでしょうね。何か思い当たることはありますか〉と尋ねると、「よくわからない」との答え。しかしその後の話の流れで、「子どもの頃、父親に威圧的なところがあってよく叱られた。そのときは怖かった」ということが語られました。その話をさらに聞こうとしましたが、あまり話したそうではなかったので今回はその点をそれ以上深めることはしませんでした。

とはいえ、パーソナリティ形成の流れとして、特に年上男性への萎縮には、父親との関係が影響していそうだとの仮説は成り立ちます。課長の大声での叱責は過去の父親に叱られた経験を連想、想起させるところがあるのかもしれません。さらに言えば、父親への萎縮ということが人付き合い全般の苦手さに影響している可能性も考えられますが、他の要因もあるかもしれませんし、それについてはもっと話を聞いてみないと何とも言えません。

以上のことを図に書き込んでみます。

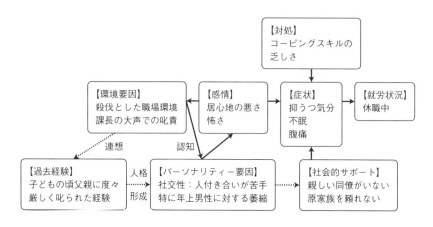

図6-5 〔事例22〕の概念図（5）

6）見立ての記述

以上の概念図をもとにして見立てを文章にまとめてみると、例えば次のように記述することができるでしょう。

見立ての例

「Pさんの抑うつ気分や不眠、腹痛は、職場の人間関係上のストレスに由来するものと考えられる。そのストレスは、課長の大声での叱責などの『殺伐とした』職場環境に起因するところが大きそうだが、Pさん自身、中学以降、友人関係を作ることに困難を抱えていることからすれば、Pさん側の社交性や対人認知といったパーソナリティの特徴が居心地の悪さにつながっている可能性も考えられる。また、職場で感じる怖さの背景には大声で叱ることのあった父親との関係が影響していることが推察される。」

7）目標の確認

Pさんはカウンセリングに何を求めてきたのでしょうか。この段階で考えられる目標には5つの可能性があります。

　①課長をパワハラとして訴え、認めさせる

②症状の消失・軽減

③キャリア上の選択

④自分の性格を変えたい

⑤ストレスに対処する方法が知りたい

　Ｐさんに目標を確認すると、「職場が変わってくれるならありがたいが、①パワハラとして課長を訴えたいわけではない」とのこと。「③休職期間が残り３ヵ月となり、復職を目指すのか、復職するにも今の部署に戻るのか異動を願い出るのか、あるいは転職するのか、転職までは考えずにともかく退職するのか、といった自分の態度を決めたい」というのが今回カウンセリングに来た一番の目標だとの答えでした。

　現時点での希望を尋ねると、「できれば復職したいが、そのためには②症状がよくならないといけない。今のままでは復職できないと思う。薬を飲んでいるが、それだけでは症状がなくならない。自分の性格も関わっていそうな気がする」と言います。症状の軽快のためには、④パーソナリティの検討が必要でしょうし、パーソナリティ形成についても生活史を遡って検討する必要が出てくることが予想されます。また、復職するにしても、転職するにしても、⑤ストレスがかかった際にそれに対処するスキルを持てると楽になるでしょうが、「それは復職が決まったら教えてほしいと思うかもしれないが、今は望んでいません」とのことでした。

　このやりとりをもとに、この時点での目標を記述してみます。

目標の例

　「最終的に復職するか転職するかはともかく、現時点では復職を目指す。そのためには心身の状態の改善が必要だが、薬物療法と並行して、カウンセリングでは居心地の悪さや怖さがどこから来るか、それが性格とどう関係しているかを検討していく。たとえ復職ではなく転職の道を進むにしても、その検討はいずれＰさんに役立つものと考えられる。」

8）方法と構造

　目標についてはこのように確認し、休職期間の終わりに向けて決断が必要だということで、週に1回50分のペースで面接を行うことで合意しました。

　そしてとりあえず、状態像として睡眠のリズムや覚醒時の活動性を把握するために、宿題として1週間の行動記録表を次回までに書いてきてもらうことにしました。また次回は抑うつ度を測る質問紙検査を、またその後パーソナリティ検査をいくつか実施することを考えています。

第7章

事例報告書の書き方

カウンセリング業務には、（相談機関によって異なりますが）面接記録、インテーク報告書、終了報告書、事例発表用の資料などの書類作成が含まれます。現場では臨床能力だけでなく、こうした実務能力も求められます。そこでこのような書類に「情報、見立て、方針」を書き込む際の留意事項をまとめておきます。

　情報については、言語情報、観察情報、検査情報、第三者情報、そしてセラピストの主観情報の5つの情報がありました。情報は、「正確に、明瞭に、具体的に、そして情報源がわかるように書く」のがポイントです。

言語情報をより正確に記述するワーク①

　院生が書いたインテーク報告書の問題歴・相談歴欄に以下のような記述がありました。

　「4年前に不眠と食欲減退が生じてクリニックに行くが、精査の結果異常なし。『うつ病』と診断される。しばらくして症状は軽快したが、2年後にまた症状が出て、クリニックを受診。カウンセリングを勧められ、診療情報提供書を持って当相談センターに来所。」

　書いた院生の話を聞いていくと、どうも話がかみ合いません。「うつ病」と診断されたのは最初に書いてあるクリニックではないと言います。後に出てくるクリニックとも違い、受診したクリニックは全部で3ヵ所だと言います。それならば区別してより正確に書かねばなりません。より正確な表現に修正してください。

　このように、これまでに訪れた治療機関、相談機関が複数ある場合、時系列順にABC……の記号で区別していくとわかりやすくなります。医療機関であれば、クリニックと病院を区別し、診療科目もわかれば書いておきましょう。修正例を挙げます。

「４年前に不眠と食欲減退が生じてＡクリニック（内科）に行くが、精査の結果異常なし。そこでＢクリニック（心療内科）を紹介されて受診した結果『うつ病』と診断される。しばらくして症状は軽快したが、２年後にまた症状が出て、Ｃクリニック（精神科）を受診。そこでカウンセリングを勧められ、診療情報提供書を持って当相談センターに来所。」

　これで随分と明確化されたと思います。

ワーク
89

言語情報をより正確に記述するワーク②

　院生が書いてきた母親面接のインテーク報告書に次の一文がありました。

　「クライエントは長男について発達障害の疑いを持っている」

　そこで、院生に詳細を尋ねてみると以下のことがはっきりしてきました。報告書の記述をより正確にするにはどのように修正すればよいでしょうか。

　指導教員と院生の会話は次の通りです。

教員「お母さんはどこからそう思っているの？」
院生「担任の教師から言われたそうです」
教員「担任の先生は何と？」
院生「落ち着きがないとか、注意をしてもあまりわかっていないとか……。今の担任はそうは言っていないらしいのですが」
教員「今の？　ということはさっきの担任というのは、いつの？」
院生「小学２年生のときの。今が４年生なので、２年前です」
教員「で、お母さん自身はどう思っているの？」
院生「お母さん自身は、今は発達障害だとそんなに強く思っておられるわけでもないようなのですが、２年生のときの担任の言葉が気にはなっているようで」

教員「思っておられるわけでもないというのは、お母さんがそう言っていた？
　　それともあなたの印象？」
院生「思っていないと母親が言っていました」

　これでようやく事情がつかめてきました。次のように修正することができそうです。

　「長男が小学 2 年生のとき（2 年前）、担任から発達障害の疑いがあると言われたことをクライエントは今も気にしている。ただし、4 年生の現在の担任はそうは言っておらず、クライエント自身も長男を発達障害だと強くは思っていないと言う。」

　報告書の記載はとりあえずこれでよいかもしれませんが、疑問はまだ尽きません。クライエントは長男のことを現在は「発達障害だと強くは思っていない」と言いますが、過去に言われたことを今も気にしているのはどうしてでしょうか。やはり内心では思い当たるところがあるのでしょうか。小 2 以前を含め、他の人からも言われたことがあるのでしょうか。長男が小 4 になって、以前見られた発達障害の傾向が薄まってきたということはないでしょうか。小 2 のときの担任のほうが小 4 の担任よりも発達障害に通じているとしたらどうでしょうか。

ワーク
90

現時点では不明な言語情報を
記述するワーク

　スーパーヴァイジーが書いてきた母親面接のインテーク報告書を見ると、クライエントには娘が 2 人いて、家族欄には長女と次女が区別して書かれています。しかしその後の生活史欄を見ると、「娘」とだけ書かれており、どちらのことかわかりません。書き手にどちらかを尋ねると、まだ聞けていないと言います。この場合、報告書の記述をより正確にするにはどのように修正すればよいでしょうか。

どちらの娘のことかがわかっているならば、「長女」あるいは「次女」と明記すべきところです。しかしまだ聞けておらずどちらかわからないのであれば、「娘」とだけ書くのではなく、「娘（どちらかは不明）」と書くとよいでしょう。こうすれば、「どちらかを明らかにする必要があることは自覚しているが、まだわかっていない」ということが読み手に伝わります。

　観察情報に移ります。

観察情報をより正確に記述するワーク①

　スーパーヴァイジーが書いてきた面接記録に次の一文がありました。

　「そのときクライエントは取り乱した」

　取り乱したというのは、実際にどんな行動をとったのでしょうか。さまざまな可能性を考え、より正確に記述してみてください。

　「そのときクライエントは取り乱した」と書かれているのを読んで、クライエントのどんな様子を思い浮かべたでしょうか。「取り乱した」だけでは、読み手はかなり異なった状態をイメージする可能性があります。単語１つに集約させてしまうのではなく、行動をより具体的に描写したほうがおそらく伝わりやすいでしょう。どんな行動だったのでしょうか。例を挙げてみましょう。

・うろたえた表情をした
・ワーッと大声で叫んだ
・頭を抱えて髪をかきむしった
・じっと座っていられれなくなり、立ち上がって部屋を出ていこうとした

　あるいは、「ワーッと大声で叫び、取り乱した様子を見せた」という表現もあ

りえます。「ワーッと大声で叫び」は行動の叙述、「取り乱した様子を見せた」
はカウンセラー側の理解の記述です。

　行動を具体的に記してもらったほうがよい例は他にもあります。例えば、「コ
ミュニケーションをとるのが難しかった」というのは、何がどう難しかったの
でしょうか。

・大きな声で話しかけないと聞こえにくそうだった
・滑舌が悪かった
・話すスピードが速すぎて、聞きづらい
・こちらが言った言葉を理解しづらいことが２、３度みられた
・自分の感情や考えを言葉でつかむのが難しそう
・言葉数は多いが、説明が乏しいために、こちらが状況や話の流れが把握でき
　ず会話がずれる
・思っていることはありそうだが、自分に自信が持てないからなのか、相手の
　反応が怖いからなのか、自分の心の中を相手につかまれてしまうのが嫌なの
　か、言葉数が少なく、言いよどむため思いが伝わらない
・話はするが、感情表現が少なすぎて、思いが伝わらない
・感情が溢れだしてしまって、言いたいことが伝わらない
・相手の感情を認知することが難しそう

　他にも、「人見知りが見られた」「こだわりが見られた」というのは、具体的
にどのように振る舞ったことを「人見知り」「こだわり」と呼んでいるのでしょ
うか。

観察情報をより正確に記述するワーク②

スーパーヴァイジーが書いてきた面接記録に次の一文がありました。

「途中で涙を見せる場面があった」

「途中」っていつでしょう。報告書の記述をより正確にするにはどのように修正すればよいでしょうか。

「途中で涙を見せる場面があった」では、どこで感情が込み上げ、どこで溢れたのかがわかりません。その回の途中、涙を見せたところに「……（涙）」と書けば、「ああ、そこで感情が溢れたんだな」ということが伝わります。あるいは、要約の形式で書くしかないのであれば、「途中、母親の体が弱ってきていることを語る場面で涙を見せた」と書くこともできます。

感情は書き方ひとつで、印象が随分と変わるものです。泣くことについては**ワーク15**でも取り上げました。では、笑いについてはどうでしょう。「（笑）」と笑った部分に入れておくとわかりやすいですが、これだけではどのような笑いだったかが伝わりません。次の表現を比べてみてください。

・さもおかしそうに笑った
・馬鹿にしたような感じで鼻で笑った
・自嘲気味に笑った
・下を向いてクスッと笑った
・同意を求めるようにこちらを見ながら楽しそうに笑った

語り方についても、微妙なところをなるべく正確に記述しましょう。これも次の表現を比べてみてください。

・「……」と語った

・「……」と表情ひとつ変えずに淡々と語った
・「……」と苦笑いを浮かべながら語った
・「……」と悲しい話を笑いながら語った

　悲しい話を笑いながら語るのはなぜでしょうか。今では笑って言えるように
なったということでしょうか。あるいは悲しすぎて笑いながらでしか言えない
のでしょうか。あるいはカウンセラーに救いを求めている笑いなのでしょうか。
それとも？

　さて、情報はその中身だけではなく、「誰が、いつ、どこで、誰に対して、ど
のような意図で、どのような方法で」与えたものであるのかを考慮する必要が
あります。その情報が持つ意味合いはそうした条件によって異なるからです。
次にそのワークをします。

ワーク93　情報源を区別しながら　情報を記述するワーク①

　報告書にクライエントのパーソナリティについてこう書かれていました。

「性格は優柔不断」

　これは誰の言葉でしょうか。クライエントが言ったのでしょうか。クライ
エントは別の言葉で具体的なエピソードをいくつか挙げていたのだが、それ
を優柔不断という単語でカウンセラーがまとめたのでしょうか。それによっ
て意味合いは違ってきます。その違いがわかるように書き分けてください。

書き分けてみましょう。

・クライエント自身が自分のことを「優柔不断」と言ったのであれば、

→「クライエントは自らの性格を『優柔不断』と語った」
・クライエントの言動からカウンセラーが評したのであれば、
　　→「語られた○○のエピソードからすると優柔不断な性格が窺える」
・クライエント自身とカウンセラー側の理解の両方ならば、
　　→「クライエントは自らの性格を『優柔不断』と語るが、語られた○○のエピソードからすると確かに優柔不断な性格が窺える」
・クライエント自身とカウンセラー側の理解に食い違いがあるならば、
　　→「クライエントは自らの性格を『優柔不断』と語るが、具体的なエピソードを尋ねても特に何も語られず、実際にそうなのかどうかはよくわからない」
・クライエントが誰かから言われた言葉なのであれば、
　　→「クライエントは人から『優柔不断』と言われたことがあると語った」

ワーク
94

情報源を区別しながら
情報を記述するワーク②

　病院勤務のカウンセラーが、カウンセリングの1回目を終えた時点で、クライエントの成育歴をまとめました。この病院では、予診で精神保健福祉士が成育歴を聴取するのが通例で、この記録はそれに基づき、さらに診察を経てカウンセリングが開始され、カウンセラーが初回に聞いた話を混ぜて、時系列順にまとめて書いたものだと言います。その文章の中に次の一文がありました。

　「3年前に結婚。その2ヵ月後に事故に遭い入院。入院中に突然母親が脳卒中で亡くなり、告別式に出られなかった。当時、夫も仕事で忙しかった。『あの頃は辛かった。』」

　これでは「あの頃は辛かった」は精神保健福祉士が聞いた言葉（第三者情報）か、カウンセラーが直接聞いた言葉（言語情報）かがわかりません。区別がわかるように記述し直してください。

第三者情報であれば、カウンセラーとクライエントの間ではまだ共有されていない情報である可能性があります。カウンセラーが直接得た言語情報であれば、すでにクライエントとの間で共有されている情報ですし、目の前にいたわけですから観察情報も含まれているはずです。こういう違いから、自分と自分以外の人が聴取した情報は区別して書くほうがよいでしょう。

　他方、成育歴など、「歴史」に関する情報であれば両方の情報を混ぜ、時系列順に並べ替えて書くほうがわかりやすいとも言えます。それならば、その両方の良さを生かして、自分以外の人が聴取した部分に下線を引いたり、強調文字にしたりして区別しながら書く方法があります。「あの頃は辛かった」とはいつ誰が誰に言った言葉でしょうか。書き方の例を挙げましょう。

ワーク94の解答例

　<u>3年前に結婚。その2ヵ月後に事故に遭い入院。入院中に突然母親が脳卒中で亡くなり、告別式に出られなかった。</u>当時、夫も仕事で忙しかった。「あの頃は辛かった。」（下線部は、予診時に精神保健福祉士が聴取した内容）

　こう書けば、「あの頃は辛かった」はカウンセリングの初回にカウンセラーに直接言った言葉だということがわかります。さらに、観察情報を加えてより正確な記述にしてみましょう。

　・「あの頃は辛かった」としみじみと語った。
　・「あの頃は辛かった」と淡々と語った。

　これにより出来事と感情との距離や、感情を人に伝えてわかってもらいたいという欲求の程度などが推測しやすくなります。

情報源を区別しながら
主訴を記述するワーク③

　電話で事前に申し込みをする相談機関の場合、電話申し込みの時点で「主訴」を簡潔に話してもらいます。これは受付が聞き取って書いた情報です。次に、インテーク当日に少し早めに来所してもらって、「相談申込票」に基本情報や家族構成、「相談したいこと」をクライエント自身に書いてもらうのであれば、その「相談したいこと」も主訴です。そして、面接中に相談に来た理由をクライエントから詳しく聞きますが、それもまた主訴です。この3つの段階の主訴を情報源を区別した形で記述してみてください。

　3つの段階の主訴がほぼ同じであるなら、どれかを代表させて書いてもよいでしょうが、3つが微妙に、また大きく異なる場合もあります（『Q&A』76）。その場合は3つとも並べて書いてみましょう。

ワーク95の解答例①

「仕事のこと」（電話申込時）

「職場でパワハラの被害に遭っている。仕事を辞めたほうがよいかどうか、助言がほしい」（相談申込票記入通り）

「実は同じ人からセクハラも受けているが、これはまだ誰にも相談していない」（面接中の発言より）

　相談申込票については、「相談したいこと」の欄に書かれたことをそのまま書き写すことが、正確さという意味では最もよい方法です。しかしあまりに長い場合は報告書の書式によって、一部をそのまま書き写すか、書き手の判断で要約するしかないかもしれません。相談申込票の「相談したいこと」の欄に書かれたことをそのまま書き写した場合を「相談申込票記入通り」、一部をそのまま書き写した場合を「相談申込票より抜粋」、書き手の判断で要約した場合を「相談申込票より要約」と書けば、情報源をより厳密に区別することができます。

電話申し込みの際に、受付に「パワハラ」について語ってもよいですし、実際そういうクライエントもいますが、このクライエントはなぜそこまでは語らなかったのでしょうか。あるいは、電話申し込みの時点で、「セクハラを受けている」と言ったとしたら、それによって見立てにどのような違いが生じるでしょうか。情報源を区別することは、こうした理解につながります。

　相談を申し込んできた人と相談に来る人が異なる場合、あるいは親子並行面接の場合は、書かれた主訴、語られた主訴が誰のものであるかを明示する必要があります。

ワーク95の解答例②

　クライエントは高校生の男子で、その母親が電話で申し込んできました。母子並行面接でインテークを行い、その前にクライエントにも母親にも別々に相談申込票を記入してもらいました。クライエントは主訴欄に一言記入しただけでした。

　「次男が去年の秋から学校に行っていない。何とか学校に行かせたい。」（母親による電話申込時）

　「学校のこと」（本人の相談申込票記入通り）

　「母親がいろいろと言ってきて鬱陶しい。（親は）夫婦仲が悪く、喧嘩ばかりしている。」（本人の面接より要約）

　申込票に「学校のこと」と記入したのはクライエントでした。しかし、そう書こうと思ったのはクライエント自身の意思でしょうか。何を書けばよいかわからない、あるいは何を書こうか迷っている、あるいは何も書きたくないクライエントに母親が隣からそう書くように指示や助言をした可能性も考える必要があるでしょう。

続柄に関する表記のワーク①

　スーパーヴァイジーが書いてきたインテーク報告書に次のような記述がありました。クライエントは次女のことで相談に来た40代の女性です。続柄に注意してより正確に書き直してください。

　「母親の話では、次女は姉に比べておとなしい性格。夫もおとなしいほうなので、どちらかといえば本人は父親似とのこと。」

　続柄の記述をみて、複数の視点が混ざった書き方になっていることに気づいたでしょうか。この場合、クライエント「本人」は40代の女性です。次女のことで相談に来ていますから、次女は「当人」と言います。姉妹の片方を次女としているのですから、「姉」と書かれているところは長女とすべきでしょう。「姉」ではクライエントの姉と間違えられます。冒頭を「クライエント（本人）の話では」とするのであれば、次女から見た父親は「夫」で合っています。続柄は誰から見てのものであるか、視点を1つにして記述する必要があります。次女の担当者からすれば次女が本人ですから、「母親、父親、姉、本人」という表記になるでしょうが、母親面接者は、「本人、夫、長女、次女」と表記すべきところです。

ワーク96の解答例

　「本人の話では、次女は長女に比べておとなしい性格。夫もおとなしいほうなので、どちらかといえば次女は夫に似ているとのこと。」

続柄に関する表記のワーク②

院生が書いてきたインテーク報告書の家族欄に次のような記述がありました。クライエントは女性で 5 人兄妹の末っ子、上の 4 人は男性です。続柄に注意してより正確に書き直してください。

父：47歳、母：48歳、長男：24歳、次男：22歳、三男：19歳、四男：17歳、本人：15歳

これも視点が混ざっています。自分に兄が 4 人いる場合は、上から「長兄」「次兄」「三兄」「四兄」と言います。ですから修正すればこうなります。

ワーク97の解答例

父：47歳、母：48歳、長兄：24歳、次兄：22歳、三兄：19歳、四兄：17歳、本人：15歳

ついでに続柄関連の表記についていくつか補足します。「伯母」と「叔母」の違いが区別されていない記述を見かけることがありますが、伯母は親の姉、叔母は親の妹です。では親より年齢が上か下かわからないときは？ 「おば」とひらがなで書くしかないでしょう。

夫の母親は義母、もしくは姑です。父親の再婚相手は「義母」としても間違いとまでは言えませんが、義母は姑にも養母にも使う広い言葉ですので、「継母（けいぼ）」とするほうが明確になります。生みの親は、継母がいる場合は、区別するために「実母」と書くほうがよいでしょうが、実父母しか登場しない場合には、わざわざ「実母」「実父」と書かずとも、「母」「父」だけでかまいません。

さらにもう 1 つ。心理臨床の業界では家族について記述するときに、母親をMo、父親をFa、祖母をGMo、男兄弟をBrなどと略すことがかなり以前から慣例的に行われてきました。最近は以前に比べれば減ったように思いますが、現

在も続けられている相談機関があります。この「悪弊」はもうやめにしましょう。「母親」「父親」と書けばよいことです。父方祖母を「Fa方GMo」などと表記することに何の意味があるでしょうか。これについてはむしろ指導する人が変わる必要があるのかもしれません。そう教えなければこれ以上伝わっていかないはずです。ちなみに私が現在勤務する心理相談機関では、面接記録や事例報告資料に使用してよい略語はCl（クライエント）、Th（セラピスト）、Co（カウンセラー）のみとしています。

次は専門知識に基づいた「漢字テスト」です。

ワーク
98

基礎知識の確認のワーク

「3歳児けんしん」の正しい漢字表記はどちらでしょうか。

1. 検診
2. 健診

がんけんしんは「検診」ですが、3歳児けんしんは「健診」が正しい表記です。しばしば誤った漢字表記が見られる例の1つですが、これが乳幼児健康診査の一種であり、健診が健康診査の略であることを知っていれば間違えるはずはありません。ちなみに乳幼児健康診査の根拠法は母子保健法第12条と第13条です。

第**8**章

連携文書の書き方

カウンセリング業務には、他機関との連携文書の作成も含まれます。まずは、他機関への紹介状の書き方についてポイントを押さえましょう。

他機関への紹介状作成のワーク

他機関への紹介状を書く際に必要な項目を以下に挙げました。書いた項目にチェックを入れながら、紹介状を完成させてください。

□**タイトル**：「紹介状」もしくは「カウンセリング情報提供書」とします。

□**宛先**：特定の機関の特定の担当者に決まっている場合は、機関名と担当者名。紹介先が医師の場合は、敬称として「御侍史（おんじし）」または「御机下（ごきか）」が用いられます。かなり古風な言葉ですのでこれからも使われていくかどうかはわかりませんが、現在は慣習的に使われています。

　　　　ワーク81で挙げた例のように、クライエントがどこに紹介状を持っていくかが未定のまま紹介状を手渡す場合もあります。この場合は、紹介先の機関名も担当者氏名も書けませんから、「カウンセリングご担当者様」「担当医先生御侍史」とだけ書いておけばよいでしょう。

□**冒頭の挨拶文**：「平素より大変お世話になっております」など。

□**クライエント氏名、生年月日**：生年月日を書くのは個人の特定のためです。

□**今回紹介することになった経緯、理由**

□**クライエントが相談に来ることになった経緯、主訴**

□**相談の経過**：いつから来ていて、どのような構造でこれまでに何回会っているか。

□**成育歴、家族、問題歴、相談歴などの情報**

□**現時点での見立てと方針**

□**紹介後の当相談機関での対応**：紹介後もこちらで今までどおりにカウンセリングを継続する／紹介後はこちらでのカウンセリングは中止し、そちらにお任せする。

　　　　　　※この点は重要です。これが書かれていないと紹介元の意図が
　　　　　紹介先に伝わりません。

□**末尾の挨拶文**：「ご高配の程何卒宜しくお願い申し上げます」など。紹介先が
　　　　　　　　医師の場合は、「ご高配」の代わりに「ご高診」も使えます。

□**書状の発行日**

□**担当者の所属機関名、住所**

□**担当者氏名、有している資格名**：氏名はフルネームで。

□**付記**：何かあれば記入する。

　以下に、大学学生相談室から医療機関に送るカウンセリング情報提供書の一例を挙げます〔**事例23**〕。

　＊＊メンタルクリニック

　＊＊＊＊先生　御侍史

　　　　　　カウンセリング情報提供書

　平素より大変お世話になっております。＊＊＊＊様（＊年＊月＊日生、21歳、男性）について、下記の通りご紹介いたします。

　　　　　　　　　　　　　記

　＊＊さんは、＊年＊月＊日に初めて当相談センターに来所され、現在まで隔週ペースで6回通っておられます。発達障害の可能性を視野に入れていますが、最近やや抑うつ的で、希死念慮も口に出しましたので精神科の受診を勧めました。その後、父親が地元から出てきて本人とともに相談室を訪れ、「受診に同行したいので紹介状を書いてほしい」との申し出がありましたので、ご紹介いたします。

【クライエント】＊＊大学3年生。＊＊県出身、現在下宿して単身生活。

【主訴】

　「何とか大学には通えているが、友達はおらず、勉強もしているつもりだ

が単位をいくつも落とす。3年生になってゼミに所属したが、小集団が苦痛。普通にやっていけるようになりたい」（初回面接より要約）

【家族】

　父親（57歳、大卒、会社員）、母親（54歳、短大卒、パート勤務）、本人、妹（17歳、高3）の4人家族。

【成育歴・問題歴】

　幼少期の発達については不明。小学生の頃、特定の友達は1人、2人いたが関係は深くなかった。クラスで「変わった子」と言われていた。中学生になった頃、父親が会社の上司と揉めたことからうつ病になり薬を服用、一時期休職していた。中学1年生の3学期から中学2年生の夏休み前まで不登校になり、その間は週に2日ほど適応指導教室に通っていた。母親は父親と自分が家にいることでイライラして時々「爆発」していた。母は昔から口やかましい性格。高校では理科クラブに入り、顧問の先生がよくしてくれたので不登校にならずに済んだ。

　大学は私立大学理系学部に合格し、下宿生活。入学後は大学内に居場所がなく、友達もできず、授業に出て食事をして帰る生活。2年間での取得単位数は42単位。単位が少なめであることは親にばれている。3年生になってゼミに所属し、実験やミーティングをグループで行うのが苦痛。同じゼミ生同士が笑いながら話しているのを聞いていても、何が面白いのかわからない。ゼミの教員は淡白なため、これ以上助けは求められない。だんだんと大学に足が向かなくなり、下宿で好きな本を読んだりしていたが、それも少し億劫になってきている。体重は4キロ減少。夏休みに予定されているゼミ旅行の案内が来たが、参加しないつもり。このままの生活を続けていても先が見えない。死んだほうが楽だと思うことはある。実際にはしないと思うし、試したことはない。実家に戻る気はない。休学も今は考えていないが、留年するのは親に悪い気がする。

【見立てと方針】

　知的には高いのですが、子どもの頃から人間関係をうまく築けず、そのためにやりたいことがあっても才能を発揮できずにいる様子。まじめで控えめな性格で、衝動的なところは見られず、人とトラブルを起こすような

ことはありません。思いはあってもそれを口に出すことが難しく、そもそも自分の中の思いを言葉でつかむことが難しいようです。その背景には自閉スペクトラム症の傾向も窺えますが、うつ病になったことのある父親、口やかましいところのある母親など、家族関係の要因が関与しているようにも思われます。

　ここまで人間関係の在り方を過去から現在まで振り返り、うまくいかなかったことには共感を示し、うまくいったことについてはどんな要因があるとうまくいきやすいのかについて検討してきました。侵入的で圧の高い関わり方をする人は苦手である一方、自分から能動的に求めていくことは難しいので、ある程度積極的に関わってきてくれる人のほうが助かるという特徴については共有できました。現在の落ち込みが強くなっている状況で発達障害という言葉を出すのは慎重にしたほうがよいと考え、こちらからはまだ話題にしたことがありません。抑うつ的であることに関して精神科受診を勧めたところ、「楽になるのなら受けたい」と言い、乗り気とまではいきませんが特に抵抗は示していません。

　当相談室では今後もカウンセリングを継続し、必要に応じてゼミの担当教員や保護者とも連携して支えていきたいと考えております。ご高診の程何卒宜しくお願い申し上げます。

　＊年＊月＊日

　　　　　　　　　　　＊＊大学学生相談室
　　　　　　　　　　　〒＊＊＊-＊＊＊＊
　　　　　　　　　　　＊＊市＊＊町＊-＊＊
　　　　　　　　　　　TEL（＊＊＊）＊＊＊-＊＊＊＊
　　　　　　　　　　　担当者：＊＊＊＊（臨床心理士・公認心理師）

　なお、この紹介状は本人に読んでもらうことを前提にした書き方にはなっていません。本人にも目を通してもらうのであれば、どこをどう書き直す必要があるでしょうか。考えてみてください。

いよいよ最後のワークになりました。他機関から紹介状、診療情報提供書などを受け取った場合は、返信を出します。手紙をもらったら返事を書くのが当然の礼儀と心得てください。

ワーク100 他機関から受け取った 診療情報提供書への返書作成のワーク

医療機関からの診療情報提供書に返事を書く際に必要な項目を以下に挙げました。書いた項目にチェックを入れながら、報告状を完成させてください。

☐ **タイトル**：「報告状」もしくは「返書」とします。

☐ **宛先**：紹介元の機関名と医師名、敬称。

☐ **冒頭の挨拶文**：「平素より大変お世話になっております」など。

☐ **クライエント氏名、生年月日**

☐ **インテーク日時**

☐ **当日のクライエントの様子と話された内容**

☐ **見立て**

☐ **方針**：目標、方法、構造。

☐ **末尾の挨拶文**：「今後とも何卒宜しくお願い申し上げます」など。

☐ **書状の発行日**

☐ **担当者の所属機関名、住所**

☐ **担当者氏名、有している資格名**：氏名はフルネームで。

☐ **付記**：何かあれば記入します。

公認心理師の場合には、主治医の指示を受ける必要がありますが、それについてもここに書いておくとよいでしょう。ちなみに、私が現在勤務する心理相談機関では、その旨を記すとともに、指示のためのやりとりが一往復で済むよう、「この事例につきましては、頂戴した診療情報提供書を以て指示があったも

のとみなさせていただきます。もし指示の補足がございましたら、患者様を通して文書でお伝えください」と報告状に書いています。また、初めてやりとりする主治医には、「公認心理師法第42条第2項に係る主治の医師の指示に関する運用基準について」（文部科学省・厚生労働省、2018年1月31日付）の文書を同封しています。

　以下に、精神科クリニックから受け取った診療情報提供書への返書の一例を挙げます〔事例24〕。

＊＊クリニック
＊＊先生御侍史

報　告　状

　平素より大変お世話になっております。この度は＊＊＊＊様（＊年＊月＊日生）のご紹介をありがとうございました。下記の通りご報告申し上げます。

記

　＊＊さんは、＊月＊日に初めて来所され1回目の面接を終えました。自ら進んで多くのことを話され、カウンセリングへの意欲は高いように感じられました。出産後、夫の転勤のため遠県に引っ越し、見知らぬ土地での慣れない子育て生活、ママ友は何人かできたものの気を遣い、しばしば噂話に悩まされておられます。身内以外の人に対する信頼感を失った状態が続き、そのために安全感が持てず、不安が高じている様子です。また、子ども時代から自分が思っていることを口に出せないために相手になかなか気持ちをわかってもらえず、それが相手への不信感につながっているようにも見受けられます。

　カウンセリングで話をすると安心するとのことですので、まずは引越後の人間関係における葛藤を丁寧に伺って、未整理なままの感情を適応的に

吐き出すとともに、自分の思っていることを今よりも率直に口に出せる自
信をつけることを通して、人に対する信頼感を取り戻すことを目標とし、
今後 2 週間に 1 度のペースで、 1 回50分のカウンセリングを継続する予定
でおります。

　今後とも何卒宜しくお願い申し上げます。

　＊年＊月＊日
　＊＊心理相談センター
　〒＊＊＊-＊＊＊＊
　＊＊市＊＊町＊-＊＊

　　　　　　　　　　　　　TEL（＊＊＊）＊＊＊-＊＊＊＊
　　　　　　　　　　　　　担当者：＊＊＊＊（臨床心理士・公認心理師）

付記：公認心理師法第42条第 2 項には、「公認心理師は、その業務を行うに
当たって心理に関する支援を要する者に当該支援に係る主治の医師がある
ときは、その指示を受けなければならない」と定められています。この事
例につきましては、頂戴した診療情報提供書を以て指示があったものとみ
なさせていただきます。もし指示の補足がございましたら、患者様を通し
て文書でお伝えください。なお、それにより文書料が発生する場合は、患
者様にご請求いただくことになります。

第8章　連携文書の書き方

あとがき

　「どうすることが援助になるのか」。これが、学部生時代から私の中にある一貫したテーマである。「人は一般にこうだから、こうすれば援助になる」ではない。「この人の場合、どうすることが援助になるのか」である。どうすることが援助になるかは、人によって、また状況によって異なる。そうした個別対応をするには、まず援助する相手のことをよく知らねばならない。よく知ったうえで、「この人はこういう人でこういう状況だから、こういう援助をしよう」という方針が見えてくる。本書で扱っている見立てと方針とは、まさに「この人の場合、どうすることが援助になるのか」という個別の問いに対する、援助者なりのその時点での答えのことだと言うことができる。その答えを出すには、臨床経験、心理学や心理療法理論の裏打ちとともに、専門家としての責任の引き受けが必要となる。そして、そのいったん出された答えは、援助を必要とする相手とのその後の対話の中で不断に修正されていく。

　「この1冊があれば、見立てと方針はもうあなたのもの。誰でもすぐにできるようになります」などと言うつもりはさらさらない。見立てと方針の力をつけるには、クライエントとの対話、スーパーヴィジョンや事例検討会、あるいは本や研修会から、折々に学んでいくことが必要である。私自身は、本書に書いたような流れを体系的に習った覚えはなく、実践と直接指導と研修を積み重ねるうちに自然と身についてきたというのが実感だが、地道な積み上げ作業を進めるには道標があると学びやすいだろう。大学院の授業やスーパーヴィジョンの中で、「先生は事例のどういうところを見ているのですか」という質問を何度か受けたことがある。「いろいろなところを見ています」と返してもよいが、私がこれまでに学んで1つ1つ積み上げてきたことを整理して、このあたりで「一挙大放出」するのも悪くない。私自身も自分が何を身につけてきて、どこをどう見ているのかを自覚するのは興味が湧く。こうしたことが本書を著した主な

動機である。

　タイトルをつけるにしても、あらすじを語るにしても、概念図を作成するにしても、どれもが事例の看板や骨組みにすぎないとも言える。しかし、1回50分の面接が継続されていくとき、それは特に初心者にとって、次々と押し寄せてくる情報の波に圧倒されるように感じられるものである。その波に溺れてしまわないためにも、コンパクトな理解を得ておくことは心の余裕として役立つだろう。それに、クライエントもまた心の中が混沌とした状態にあるのだとすれば、カウンセラーの心が先に整理されることは、クライエントの心の中の整理にもつながるものと期待される。

　本書の執筆にとりかかったのは、2020年の元日だった。数日後には、新型コロナウイルスの日本における最初の感染者が報告され、その後、全国に感染が拡大していった。4月になり、新年度に入ったとたん、大学のキャンパスは入構禁止となり、授業はすべてWEB上で行うことになった。e-Learningシステムを駆使しつつ、戸惑いながらの講義資料作りだった。その中で、執筆進行中の本書の草稿を一部使ってみた。受講生からおおむね好評だったことに勇気づけられながら、9月初頭に一通り書き終えることができた。「本書の趣旨」には、「読者と対話するつもりで文章を書」いたと記したが、本書の文体がそうなったのは、私のもともとのスタイルであると同時に、WEB上でつながった受講生との対話を意識したためでもある。

　本書の刊行に際して、創元社の橋本隆雄さん、我有悠生さんには、大変お世話になりました。1冊の本が出来上がるまでには、デザイナーも含めて多くの方との共同作業がありますが、その中でたくさんの実りある対話ができたことに今回もまた感謝いたします。本書の中をかわいらしい鳥が飛び回っているのは、カウンセリングには、「聞きトリ」「嗅ぎトリ」「やりトリ」という鳥が登場するからです……というのは冗談ですが、「鳥瞰」はまさに本書の主要なテーマと言えるでしょう。

　最後に、個人的な思い出を1つ。本書の編集作業が前に進み始めた2021年3

211

月末、通勤途中の電車の中でメールソフトを開いたところ、恩師のひとり、東山紘久先生の突然の訃報が目に飛び込んできました。悲しくて悲しくて、乗換駅に着くまでの間、涙が溢れて止まりませんでした。コロナ対策でつけていたマスクを少し上にずらし、ずっと下を向いていました。大学院生の間、京都大学ではスーパーヴィジョンは学外に受けに行くシステムで、私は修士課程1年生の秋から、当時大阪教育大学に勤めておられた先生の奈良のマンションまで毎週のように通い、2年半にわたってスーパーヴィジョンを受けました。先生のスーパーヴィジョンはとても具体的で、クライエントへの応答の言葉をたくさん教えていただきました。「ああ、そんなふうに言えばいいのか。その言い方だったら私にも言えそうだ」と感嘆することしきりでした。このことは、「クライエントに直接伝えられる言葉こそが大事」という、現在の私自身のスタイルの礎になっていると思います。心理療法家としての「よちよち歩き」期を支えていただいたことに深く感謝するとともに、心よりご冥福をお祈り申し上げます。

2021年7月1日

竹内健児

竹内健児 (たけうちけんじ)

京都大学大学院教育学研究科博士後期課程学修認定退学。トゥレーヌ甲南学園カウンセラー（在仏）、奈良産業大学、京都光華女子大学、徳島大学准教授、立命館大学大学院人間科学研究科教授を歴任。臨床心理士、公認心理師。
主な著書に、『Q＆Aで学ぶ 心理療法の考え方・進め方』『Q＆Aで学ぶ 遊戯療法と親面接の考え方・進め方』（いずれも創元社）、『スクールカウンセラーが答える教師の悩み相談室』（ミネルヴァ書房）、『ドルトの精神分析入門』（誠信書房）、『事例でわかる心理検査の伝え方・活かし方』『心理検査を支援に繋ぐフィードバック』（いずれも編著、金剛出版）、他多数。

100のワークで学ぶ

カウンセリングの見立てと方針

2021年8月20日　第1版第1刷発行
2024年4月20日　第1版第13刷発行

著　者　竹内健児

発行者　矢部敬一

発行所　株式会社 創元社

　　　　〈本社〉

　　　　〒541-0047　大阪市中央区淡路町4-3-6

　　　　電話　（06）6231-9010㈹

　　　　〈東京支店〉

　　　　〒101-0051　東京都千代田区神田神保町1-2　田辺ビル

　　　　電話　（03）6811-0662㈹

　　　　〈ホームページ〉https://www.sogensha.co.jp/

イラスト　間宮理恵

装丁・組版　北尾崇

印　刷　株式会社　太洋社

本書の感想をお寄せください
投稿フォームはこちらから

Q&Aで学ぶ
心理療法の考え方・進め方

竹内健児 著

「インテークでは何を聞けばいいのか」
「記録はどう取ればいいのか」等、初心
のカウンセラーが必ずぶつかる悩みや
疑問を200のＱ＆Ａにまとめて詳しく解
説。やる気はあってもどうすればいい
か分からず戸惑うことの多い初心の心
理臨床家や指導者に向けて、長年の経
験の中で積み上げてきた著者の臨床知
を伝える。

定価2800円＋税　A5判・並製・272頁

ISBN 978-4-422-11597-9　C3011

Q&Aで学ぶ
遊戯療法と親面接の考え方・進め方

竹内健児 著

遊戯療法と親面接は並行して行われる
ことが多く、両者は複雑に絡み合って
いる。本書は実際問題に焦点を当て、
退室しぶり、ズル、親からの要求など、
現場で起こる具体的な問題を200のＱ＆
Ａにまとめて詳しく解説。「唯一の正し
い答え」として提示するのではなく、い
くつかの可能性に触れながら、クライ
エントへの受け答えの例を豊富に示す。

定価2800円＋税　A5判・並製・296頁

ISBN 978-4-422-11705-8　C3011